基础设施投融资政策与实务

吴有红 ◎著

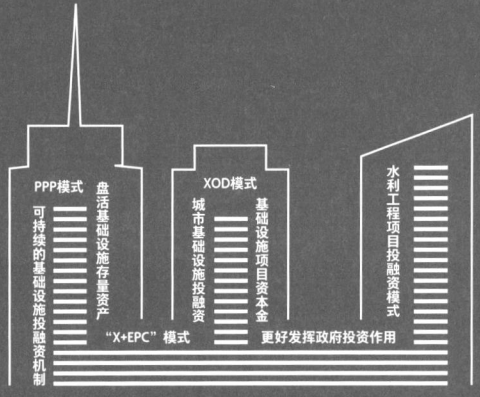

基础设施是国民经济和社会发展的基石
保持基础设施领域补短板力度
适度超前开展基础设施投资

人民日报出版社

"X+设计采购施工总承包（EPC）"是合规模式吗？

☆ 针对"融资+EPC"、"投资+EPC"等基于EPC的一系列衍生模式，可重点从几个"是否"来判断其合规性，即是否违反"政府投资项目不得由施工单位垫资建设"的规定、社会资本方是否承担项目运营责任、社会资本方是否"真投资"、财政资金来源是否合规、政府支出责任是否固化。

我国投融资体制改革的总体方向是什么？

☆ 回顾过去近20年我国投融资体制改革的历程，总体方向是政府投资管理从严从紧、企业投资管理从宽从速，在放宽企业投资约束的同时，严格政府投资管理，着力提高政府投资项目投资效益、规范投资行为、加强成本管控。

如何评价政府融资平台公司？

☆尽管某一阶段出现了政府融资平台公司举债融资规模迅速膨胀、地方政府违规或变相提供担保等问题，但政府融资平台公司的贡献不可否认。在我国新型城镇化和基础设施发展进程中，如果没有政府融资平台公司的强力推进，就没有现阶段高质量的基础设施和快速发展的城镇化。

项目资本金"从哪里来"？

☆基础设施项目参与各方需要充分利用项目资本金政策，通过多种渠道合规补充项目资本金，包括通过统筹使用本级预算资金、上级补助资金、专项债、国有资源竞争出让所得以及通过国有建设用地使用权作价出资等多种方式筹措政府方资本金，通过发行权益工具筹措项目资本金，争取政策性开发性金融工具支持等。

TOD、EOD 等综合开发模式的投融资逻辑是什么？

☆公共交通导向的开发（TOD）、生态环境导向的开发（EOD）等综合开发模式改变了散点开发、单线推进的项目投融资模式，通过采取产业链延伸、联合经营、组合开发等创新性的项目组织实施方式，形成产业开发和物业运营反哺基础设施项目投入的良性机制，将基础设施建设带来的经济价值内部化，有助于缓解政府投入压力。

如何理解适度超前开展基础设施投资？

☆ "适度超前"是长期以来我国基础设施建设发展的重要实践经验。适度超前布局有利于引领产业发展和维护国家安全的基础设施，既可扩大短期需求，又能增强长期动能。但要把握好超前建设的度，不能不顾约束条件、超出能力盲目铺摊子、上项目。

为什么要强调保持基础设施领域补短板力度？

☆ 对标高质量发展要求，我国基础设施体系仍不完善，服务能力、运行效率、服务品质等方面还存在短板弱项。现阶段，要紧盯不同区域、不同领域、不同方式间存在的突出矛盾和薄弱环节，精准补短板、强弱项，优化基础设施布局、结构、功能和发展模式，构建现代化基础设施体系。

盘活存量资产支持政策的主要目标导向是什么？

☆ 盘活存量资产不是孤立的行为，而是要与新增投资有机结合，将盘活回收资金继续用于新的基础设施建设，形成存量资产和新增投资的良性循环是盘活存量资产支持政策一以贯之的导向。

基础设施投融资政策与实务

核心观点

☆ 推进基础设施高质量发展,实现可持续发展目标是全球基础设施发展的共同议题。

☆ 立足可持续融资视角,守住风险防范底线,围绕主体多元、重构信用、优化结构,形成期限匹配、成本适当、全周期的基础设施投融资机制。

☆ 基础设施领域补短板要和适度超前开展投资建设有机结合起来,提高投资有效性和精准性。

☆ 对于各种"创新"的投融资模式,要遵循实质重于形式的原则,审慎判断其合规性和可行性。

☆ 不同项目资本金工具吸收损失和风险缓释能力存在较大差异,对其进行合理区分和精细化管理既必要也可行。

基础设施投融资政策与实务

吴有红 ◎ 著

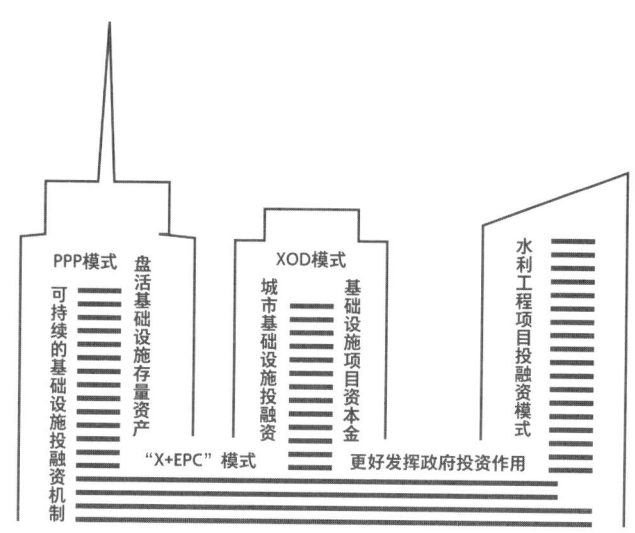

人民日报出版社
北京

图书在版编目（CIP）数据

基础设施投融资政策与实务 / 吴有红著 . — 北京：人民日报出版社，2022.12
ISBN 978-7-5115-7585-2

Ⅰ.①基… Ⅱ.①吴… Ⅲ.①基础设施建设－基本建设投资－研究－中国②基础设施建设－融资－研究－中国 Ⅳ.① F299.24

中国版本图书馆 CIP 数据核字（2022）第 222517 号

书　　名：	**基础设施投融资政策与实务**
	JICHU SHESHI TOURONGZI ZHENGCE YU SHIWU
著　　者：	吴有红
出 版 人：	刘华新
责任编辑：	蒋菊平　徐　澜
版式设计：	九章文化
出版发行：	人民日报出版社
社　　址：	北京金台西路 2 号
邮政编码：	100733
发行热线：	（010）65369527　65369846　65369509　65369510
邮购热线：	（010）65369530　65363527
编辑热线：	（010）65369528
网　　址：	www.peopledailypress.com
经　　销：	新华书店
印　　刷：	大厂回族自治县彩虹印刷有限公司
法律顾问：	北京科宇律师事务所　010-83622312
开　　本：	710mm×1000mm　1/16
字　　数：	183 千字
印　　张：	14.25
版次印次：	2022 年 12 月第 1 版　2023 年 2 月第 2 次印刷
书　　号：	ISBN 978-7-5115-7585-2
定　　价：	38.00 元

序
亲历基础设施投融资创新活跃的时代

这是一个基础设施投融资创新活跃的时代。我有幸以政策研究与项目咨询的参与者亲历其中,体会颇丰。

2011年,我有幸参加了中国宏观经济研究院投资研究所张长春所长主持的政府融资平台公司规范发展研究课题,初次接触基础设施投融资相关研究。在该研究中,国际比较显示,尽管从形式上看,国外没有称为政府融资平台公司的机构或企业,但一些国家特设的政府机构和公营企业,如美国田纳西河流域管理局、日本公团等特殊法人、澳大利亚地方国库公司和南非国家道路公司等,实际上承担了政府投融资主体的职能,与我国政府融资平台公司的功能相似。在我国,设立政府融资平台公司还有其特定背景。在1998年中央财政刺激计划实施背景下,为应对亚洲金融危机冲击,中央允许地方政府通过变通手法进行对外融资以扩张投资规模,以融资平台公司为重要载体的"银政合作"与"打捆贷款"模式,成为当时地方政府的普遍做法。2009年,为拓宽中央投资的配套资金融资渠道,经中央部门发文支持,政府融资平台公司在各地遍地开花,金融机构对基础设施投资的信贷约束也大大放松。然而,愈演愈烈的政府担保行为、迅速膨胀的举债规模很快引起高度关注,政府融资平台公司随后进入转型发展的艰难而又漫长的十年。尽管各方对政府融资平台公司看法不一，但毋庸置疑的是，在相当长时期内，政府融资平台公司在我国基础设施领域的投融资主力军作用仍无可替代。

我对基础设施投融资进行进一步系统研究的契机，源于参与投资研究所与国家开发银行合作推进的十余项投融资规划编制课题。在吴亚平研究员（时任投资体制与政策研究室主任）的指导下，我开始系统、深入地研究水利、交通、能源、市政等重点领域的投融资模式，并进行了广泛调研，相关研究成果成为投融资规划的重要组成部分。投融资规划是发展规划在投资建设领域的深化和细化，在过去十年间，我们一直在积极倡导编制投融资规划，以更好发挥规划的重要约束和导向作用，前瞻性研究设计投融资模式，推动重大项目投融资顺利落地。

尤其值得一提的是，我有幸亲历了PPP模式在我国的兴起、形成热潮而又归于平淡的完整周期。PPP模式的核心要义是通过发挥社会资本的专业化优势，提高基础设施供给质量和水平，是基础设施领域的重要制度创新，甚至被一些学者视为"一场革命"。2013年，当时PPP尚未成为国家重点推广的投融资模式，我和吴亚平研究员合作开展了一项关于创新城市轨道交通投融资模式的研究课题。借此机会，我广泛搜集了北京地铁4号线、伦敦地铁项目等国内外轨道交通PPP案例资料，对PPP项目交易结构、项目成败得失作了梳理与分析，逐渐熟悉PPP模式。2014年，在一系列政策推动下，全国掀起了一轮PPP热潮。我们承接了地方委托的若干个PPP项目实施方案编制等咨询任务，对PPP项目运作方式、交易结构、风险分配框架等有了更深刻的理解。随后在国家发展改革委投资司工作的三年间，在韩志峰副司长、时任投融资处处长任献光和王翔的指导和支持下，我深度参与了PPP立法、PPP政策制定、PPP项目典型案例筛选、盘活存量资产政策制定等工作；还有幸参与世界银行贷款支持四川德阳水环境治理PPP项目的前期工作，亲历N次实地调研、N次工作层面沟通会。PPP模式经历了三年的"热"，2017年下半年以来逐渐"降温"。如今，PPP市场趋于平淡。如何实现2022年中央财经委员会第十一次会议提出的"推动政府和社会资本合作模式规范发展、阳光运行"，成为摆在当前基础设施投融资领域的重要议题。

2018年国务院办公厅专门发文，强调要保持基础设施领域补短板力度；2021年中央经济工作会议提出要适度超前开展基础设施投资。无论是基础设施领域补短板还是适度超前开展基础设施投资，加强资金保障都是关键。深化市场化为导向的基础设施投融资机制改革与创新，构建适应基础设施高质量发展要求的投融资模式，是这个创新活跃的时代赋予我们的一大课题，可谓任重道远。

本书梳理和总结了我过去几年间参与基础设施投融资相关政策研究和制定以及规划编制、项目咨询过程中的所思所想，内容涵盖基础设施补短板、适度超前开展基础设施投资、盘活存量资产等相关政策解读，项目资本金筹措及分级管理设想，PPP、XOD、"X+EPC"等模式合规操作要点，城市基础设施、水利等重点领域投融资模式设计等。我曾在培训、论坛、会议等场合与研究同仁分享过本书的部分内容，还在中国社会科学院大学（研究生院）专业课程中向投资经济系在读博士、硕士研究生详细讲解重要章节，收获不少有益反馈。经反复打磨，本书希望呈现给读者的，是一本既对基础设施投融资领域重要政策的来龙去脉有清晰解读，又对重要投融资模式的合规操作有准确把握的诚意之作，以期能为政府部门、市场机构和研究同仁提供一些思路和参考。

在过去十年，我有幸得到了基础设施投融资领域各位领导、前辈和专家的精心指导和大力支持。感谢诸位领导和前辈的一路指引及诸位同事的大力支持，感谢行业同仁在合作交流中给予的启发和帮助。尤其感谢国家发展改革委投资司韩志峰副司长、中国国际工程咨询有限公司李开孟总经济师、清华大学PPP研究中心首席专家王守清教授、北京大岳咨询有限公司董事长金永祥先生四位前辈欣然应允为本书撰写推荐语。感谢人民日报出版社蒋菊平、徐澜等同志的敬业精神和无私帮助，使本书得以高效率、高质量出版。

吴有红

2022年11月

目录

第一章　基础设施概况 / 001

第一节　什么是基础设施 / 003
第二节　基础设施进入新发展阶段 / 010
第三节　基础设施投资需求 / 017

第二章　构建可持续的基础设施投融资机制 / 021

第一节　我国基础设施投融资现状 / 023
第二节　基础设施投融资的国际经验及启示 / 030
第三节　可持续基础设施投融资机制的构建思路 / 039

第三章　基础设施领域补短板 / 047

第一节　基础设施领域补短板政策 / 049
第二节　基础设施领域补短板的方向选择 / 053
第三节　适度超前开展基础设施投资 / 059

第四章　盘活基础设施存量资产 / 063

第一节　盘活存量资产支持政策 / 065
第二节　典型的存量资产盘活方式 / 073

第三节　盘活存量资产面临的若干难点 / 088

第五章　基础设施项目资本金 / 095

第一节　固定资产投资项目资本金制度及相关政策 / 097

第二节　国外项目资本金制度 / 105

第三节　项目资本金"从哪里来"/ 108

第四节　项目资本金合理分级的未来方向 / 114

第六章　基础设施投融资典型模式 / 123

第一节　PPP模式 / 125

第二节　基于XOD理念的投融资模式 / 136

第三节　"X+EPC"模式 / 148

第七章　重点领域投融资模式 / 153

第一节　城市基础设施投融资模式 / 155

第二节　水利工程项目投融资模式 / 171

第八章　更好发挥政府投资作用 / 183

第一节　基础设施领域的政府投入 / 185

第二节　优化政府投资方向与方式 / 199

第三节　加强政府投资管理 / 210

主要参考文献 / 216

第一章 基础设施概况

基础设施是国民经济和社会发展的基石，无论对发达经济体还是发展中经济体，都具有深远影响。很多国家越来越重视基础设施对促进经济增长、提升社会福祉的积极作用，持续加大基础设施投资力度。然而，不可回避的问题是，基础设施投资通常出现资金缺口。如何实现可持续融资，是各国推进基础设施发展中普遍面临的难题。探讨可持续的基础设施投融资机制，首先要把握基础设施的重要性质和发展态势，这对基础设施投融资模式选择具有决定性影响。

第一节　什么是基础设施

投融资模式的设计与选择取决于对基础设施性质的理解，合理的投融资模式必定要与基础设施特征相匹配。鉴此，笔者将基础设施的定义及其典型特征作为开篇。

一、基础设施的定义

国内外机构、学术界和我国政府部门提出了多个关于基础设施的定义。其中，影响力较大的定义是世界银行提出来的，其将基础设施划分为经济基础设施和社会基础设施两大类[①]。经济基础设施是指永久性工程构筑、设备、设施和它们所提供的为居民所用和用于经济生产的服务，包括公用事业（电力、管道煤气、电信、供水、环境卫生设施和排污系统、固体废弃物的收集与处理系统）、公共工程（大坝、灌渠和道路）以及其他交通部门（铁路、城市交通、海港、水运和机场）。社会基础设施通常包含文教、医疗保健等。

英国学者达霖·格里姆赛和澳大利亚学者莫文·K·刘易斯亦将基础设施分为经济基础设施[②]和社会基础设施[③]两大类，其中每一类又根据物质形态进一步分为"硬"（实体形式）基础设施和"软"（非实体形式）基础设施。在经济基础设施中，硬设施包括交通、电信、能源等，软设施包括职业培训、商业金融服务、研发促进和技术转让等。在社会基础设施中，硬设施包括医院、教育、排污、养老，甚至监狱等设施；软设施则包括社会保障、社区服务等[④]。他们认为，上述区分对于分析基础设施政策或许是有用的，不过这些分类也会有重合。基础设施可以同时具有社会功能和经济功能，有些形式的社会基础设施，如提升劳动力技能和健康的一些设施，与生产率有很大关联，而经济基础设施，如道路和交通网，对生活质量也有较大影响。因此，区分社会基础设施和经济基础设施时，要基于其满足的需求来划分，而不是根据其提供服务的类型或所使用资产的类型。

---

① 世界银行：《1994年世界发展报告：为发展提供基础设施》，毛晓威译，中国财政经济出版社，1994年8月版。

② 经济基础设施向工商业界提供关键的中间业务，其主要功能是提高生产率，推动自主创新。

③ 社会基础设施向居民提供基础服务，其主要作用是改善他们的生活质量及福利，特别面向那些资源贫乏的人群。

④ ［英］达霖·格里姆赛、［澳］莫文·K·刘易斯：《PPP革命：公共服务中的政府和社会资本合作》，济邦咨询公司译，中国人民大学出版社，2016年4月版。

我国国家统计局从固定资产投资统计的角度,将基础设施定义为建造或购置为社会生产和生活提供基础性、大众性服务的工程和设施,具体包括交通运输、邮政业,电信、广播电视和卫星传输服务业,互联网和相关服务业,水利、环境和公共设施管理业[①]。基础设施宽口径统计范围还包括电力、热力、燃气及水生产和供应业。国家统计局关于基础设施的统计口径与世界银行关于经济基础设施的定义基本一致。

二、基础设施的公共特征

无论是学术界还是政府部门,普遍认为,在基础设施领域,公共融资、公共供给是确保服务供给效率不可或缺的因素。很长时间内,由公共部门投资、融资、建设和运营基础设施是常见模式。这些做法的背后折射出基础设施鲜明的公共特征。

(1)基础设施网络系统将更广泛的经济活动联系在一起。基础设施提供的通信、能源供应、供水、交通等服务通常构成使用它们的各类产品总成本中很小但不可缺少的部分,但因为服务失败所造成的损失相对于服务供给的基础成本来说是相当大的[②],特别是一些关键基础设施,一旦遭到破坏、功能丧失或者数据泄露,可能严重危害国家安全、国计民生和社会公共利益。例如,2022年,俄罗斯向欧洲输送天然气的北溪1号和北溪2号管道出现泄漏,造成输气中断。该事件受到国际社会高度关注,国际社会普遍认为,北溪管道爆炸事件将严重冲击欧洲的能源供应与安全,也恶化了欧洲地缘政治形势。

---

① 参见《中华人民共和国2017年国民经济和社会发展统计公报》。
② [英]达霖·格里姆赛、[澳]莫文·K·刘易斯:《PPP革命:公共服务中的政府和社会资本合作》,济邦咨询公司译,中国人民大学出版社,2016年4月版。

（2）基础设施通常提供公共产品。公共产品[①]具有较强的非竞争性和非排他性，私人生产者难以将"搭便车"的免费获益者排除在外，追求利润最大化的理性生产者缺乏供应公共产品的动机，导致市场无法保证公共产品的有效供给。公共产品不可或缺，"搭便车"问题又不可避免，完全依赖市场机制无法实现公共产品的最优配置。基础设施满足日常生活中的供水、交通、能源等核心公共需求，具有典型的效用不可分割性、消费非竞争性、消费非排他性等公共产品特征。以普通公路为例，如果给某一个人或一辆车提供了公路，其他人可同时享用，且不能将个人享用的效用加以分割，要将在经济上获益又不付费的人或车辆排除在外的成本很高，操作也非常困难。此外，在公路交通量非饱和的情形下，现有使用公路的人或车，不会因为公路上增加一个人或一辆车而受到影响，也就是经济学意义上的边际成本为零。

（3）基础设施网络存在外部性。外部性是指"那些生产或消费对其他团体强征了不可补偿的成本或给予了无须补偿的收益的情形"，当生产或消费对其他人产生附带的成本或效益时，就产生了外部性[②]。外部性可能使经济活动中的第三方利益受损（负外部性），也可能使市场没有提供正外部性产品的积极性[③]。一般而言，竞争市场条件下容易出现负外

---

① 按照公共产品的概念与特征，广义的公共产品可分为三类：第一类是纯公共产品，即同时具有非排他性和非竞争性，如农村道路；第二类是俱乐部物品，特点是消费上具有非竞争性，却可以做到排他性；第三类是公共池塘物品，即在消费上具有竞争性，却无法有效地排他。俱乐部物品和公共池塘物品统称为"准公共产品"，其不同时具备非排他性和非竞争性。

② 参见美国学者萨缪尔森和诺德豪斯合著的《经济学》。经济学界关于外部性概念有多个定义，其中萨缪尔森和诺德豪斯给出的定义较具代表性和影响力。

③ 根据外部性的影响效果角度看，外部性可分为正外部性和负外部性。其中，正外部性表示某个经济主体进行活动所带来的私人收益小于该活动所带来的社会收益，当私人成本小于该活动所造成的社会成本时被称作负外部性。

部性物品供给过剩而正外部性物品供给不足，也就是市场失灵现象。出于提高资源配置效率的考量，政府可通过选择投资补助、税收等方式合理干预外部性问题，使私人成本（或收益）与社会成本（或收益）趋向一致，保障正外部性产品的有效供给，减少负外部效应。基础设施具有正外部性，例如，完善公路网络将给整个地区的企业、居民等带来极大便利，但这些受益者未必会支付公路建设成本或通行费。当然，基础设施也可能存在负外部性，比如一些环保基础设施项目的经济和环保效益由全体共享，但潜在的环境污染或人体健康伤害风险却由附近居民来承担，导致"不要建在我家后院"（Not in My Backyard）的邻避效应。严格来讲，各项经济活动普遍存在外部性，只是程度有别。相比较而言，基础设施通常比其他领域具有更显著的外部性，影响面也更大。

（4）基础设施具有较高市场准入门槛的垄断性。基础设施初始投资成本相对于后期运营成本往往数额巨大，有极大的沉没成本，而项目建成运行后，新增一个服务单元的边际成本较低。而且随着服务规模扩大，规模经济将不断降低提供服务的平均成本，使成本效率更高。基础设施领域新进入的投资者，若要提供有竞争力的服务将面临很高的准入门槛。

上述特征使得基础设施服务达不到有效供给水平，政府更习惯于选择由公共部门拥有和运营基础设施资产的模式，而不信赖由私营部门供给的模式。然而，并不是所有的基础设施都完全满足上述典型特征，一些基础设施仅具备其中的部分特征，使竞争性供给具有可能性。

三、基础设施的国别、行业和项目特征

就基础设施投融资而言，基础设施项目的国别、行业和项目特征是决定性因素。只有掌握这些特征才能深入了解基础设施资产的投融资风

险来源以及收益结构、模式与特点。瑞士学者芭芭拉·韦伯等总结的基础设施特征分析框架[①]，为理解国别、行业、项目层面特征提供了良好的分析视角（见表1-1）。

表1-1 国别、行业、项目层面的基础设施特征

特征维度	主要关注点
国别层面	法律、政治、制度、经济、金融、公司制度等
行业层面	机构及组织设立；行业融资；管理制度；服务类型/价值链；收入/盈利潜力；规制制度；对供应商的特殊要求；使用者特征；特有风险
项目层面	目标及需求情况；组织模式；区域特征（如项目类型与规模、资产类型、业务类型、地理位置及地形特征等）；项目利益相关方构成及其特定目标；风险特征

基础设施资产往往被认为具有低风险、低需求弹性的特征，有稳定、可预测、具有内生对冲通货膨胀的当期现金流，可以不受总体经济波动的负面影响。当然，市场上一定有部分资产符合该特征，但不能武断地认为所有的基础设施资产都具有低风险特征。如果深入基础设施资产的国别、行业和项目层面，就会发现不同国家之间、不同行业之间、项目之间的特征通常具有明显差异。

根据中国出口信用保险公司发布的2020年《国家风险分析报告》，2020年初新冠疫情暴发以来，全球国家风险水平显著上升。全球共有61个国家风险水平较高，93个国家为中等，38个国家较低；32个国家主权信用风险水平较高，83个国家为中等，60个国家较低，17个国家出现风险事件。在风险水平不同的国家投资基础设施项目，必然呈现较

---

① [瑞士]芭芭拉·韦伯、[瑞士]米莉娅姆·斯托布－比桑、[德]汉斯·威廉·阿尔芬：《基础设施投资指南：投资策略、可持续发展、项目融资与PPP》，罗桂连译，机械工业出版社，2018年7月版。

大的风险收益特征的差异。

基础设施行业之间的特征差异同样比较突出,这也决定了不同行业的风险收益以及投资前景存在一定区别。基础设施项目投融资参与主体需要熟悉项目所处行业及子行业的特征,在此基础上方能设计出与行业特征相匹配的投融资模式,控制潜在的投融资风险,获取合理投资回报。世界银行曾用竞争潜力、产品与服务的特征、以使用费弥补成本的潜力、公共服务义务和环境的外部因素5个指标对不同类型基础设施的可销售性(即能够进入市场买卖的潜力和可能性)[1]进行评价(见表1-2),发现不同行业间、行业内部不同子行业间技术经济特征大不相同,可销售性也相差极大。

表1-2 不同行业基础设施的可销售性特征

可销售性指标 (1.0表示最低;3.0表示最高)		竞争潜力	产品与服务特征	以使用费弥补成本的潜力	公共服务义务	环境外部因素	可销售指数
电信	市内电话	中	私人	高	中	低	2.6
	长途电话	高	私人	高	极少	低	3.0
电力和天然气	热电	高	私人	高	极少	高	2.6
	输电	低	会员	高	极少	高	2.4
	配电	中	私人	高	很多	低	2.4
	天然气生产输送	高	私人	高	极少	低	3.0
交通运输	路基与车站	低	会员	高	中	中	2.0
	铁路运输与客运	高	私人	高	中	中	2.6
	城市公共汽车	高	私人	高	很多	中	2.4

---

[1] 世界银行:《1994年世界发展报告:为发展提供基础设施》,毛晓威译,中国财政经济出版社,1994年8月版。

续表

可销售性指标 （1.0表示最低；3.0表示最高）		竞争潜力	产品与服务特征	以使用费弥补成本的潜力	公共服务义务	环境外部因素	可销售指数
	城市有轨交通	高	私人	中	中	中	2.4
	农村公路	低	公共	低	很多	高	1.0
	干线和支线道路	中	会员	中	极少	高	2.4
	城市道路	低	共有财产	中	极少	高	1.8
	港口与机场设施	低	会员	高	极少	高	2.0
	港口与机场服务	高	私人	高	极少	高	2.6
水	城区管道网络	中	私人	高	很多	高	2.0
	非管道系统	高	私人	高	中	高	2.4
卫生设施	管道排污处理	低	会员	中	极少	高	1.8
	公寓污水处理	中	会员	高	中	高	2.0
	现场处理	高	私人	高	中	高	2.4
废弃井	收集	高	私人	中	极少	低	2.8
	环境卫生处理	中	共有财产	中	极少	高	2.0
灌溉	主渠与二级网络	低	会员	低	中	高	1.4
	三级网络（田间）	中	私人	高	中	中	2.4

第二节　基础设施进入新发展阶段

伴随着我国改革开放以来40余年的增长奇迹，基础设施投资经历了持续的快速扩张，取得了瞩目的成就，但仍面临不容忽视的挑战和问题。随着中国特色社会主义建设进入新时代，我国经济社会发展主要矛盾发生深刻变化，对基础设施发展提出了更高要求。

一、我国基础设施存在的突出问题

根据牛津经济研究院（Oxford Economics）的研究结论[①]，2007年至2015年，我国基础设施投资总量占全球的近30%，对亚洲基础设施投资增长平均贡献率达到50%。经过长期的投资建设，我国基础设施快速发展，整体质量显著提升，实现了从整体滞后、瓶颈制约、基本缓解到总体适应的根本转变，形成了超大规模基础设施网络，高速铁路营业里程、高速公路通车里程、城市轨道交通运营里程、港口万吨级及以上泊位数、电力装机、电网规模、第四代移动通信（4G）网络规模等均居世界第一，在重大科技设施、水利工程、交通枢纽、信息基础设施、国家战略储备等方面还取得了一批世界领先的成果。

虽然我国基础设施发展取得历史性成就，但对标高质量发展要求，我国基础设施体系仍不完善，服务能力、运行效率、服务品质等方面存在较为明显的短板。

一是系统性和协同性水平不高。突出表现为空间布局尚待优化，区域间发展不平衡，各类基础设施统筹不够、平衡不足，相互替代、互补、协调、制约关系处理不到位。例如，我国综合交通网络布局不够均衡、结构不尽合理、衔接不够顺畅，重点城市群、都市圈的城际和市域（郊）铁路存在较明显的短板，货物多式联运比重偏低，各种运输方式一体融合发展不足。

二是设施服务效能不高。尽管城市公共供水普及率、燃气普及率、

---

① [澳]全球基础设施中心：《全球基础设施展望》，吴卫星等译，对外经济贸易大学出版社，2020年10月版。

污水处理率等公共服务指标普遍超过90%，服务能力不断提高，但基础设施领域全生命周期协同发展水平不高，重建设轻管护、重硬件轻软件现象仍普遍存在。以农村基础设施为例，农村公路、农村生活污水处理设施、节水灌溉设施等普遍存在运行维护和管理成本高、管护资金压力大、村民参与积极性不强、管护粗放等问题。各地经常出现的农村污水处理设施"用不起"、"晒太阳"现象，也多与运行管护成本高、经费难以保障等因素密切相关。

三是智能化发展有待加快。我国传统基础设施领域数字化升级和新型基础设施建设正处于起步阶段，新型与传统基础设施融合场景还不够清晰、标准规范和政策制度不够健全[1]，不同行业、不同区域、不同群体间数字鸿沟未有效弥合。例如，我国智能交通技术应用深度和广度有待拓展，2020年重点营运车辆、邮政快递自有干线运输车辆、应安装具备卫星定位功能船载设备的客船及危险品船等重点领域北斗系统应用率仅占重点领域全部车辆和船只的约60%，距离"十四五"发展目标有较大差距[2]。

四是基础设施安全保障能力仍有所欠缺。面对自然灾害、公共卫生、重大事故、国际争端等突发事件应急能力较弱，网络韧性有待增强。例如，我国自然灾害防御能力与实施国家重大战略要求还不协调不配套，交通、水利、农业、通信、电力等领域部分基础设施设防水平低[3]。此外，关键基础设施和技术装备"卡脖子"问题仍然突出，关键领域产业链供应链受制于人的局面尚未得到根本改变，制约了基础设施对国家总体安全的保障能力提升。

---

[1] 国家发展和改革委员会：《中华人民共和国国民经济和社会发展第十四个五年规划和2035年远景目标纲要》辅导读本，人民出版社，2021年3月版。

[2] 引自《"十四五"现代综合交通运输体系发展规划》。

[3] 引自《"十四五"国家综合防灾减灾规划》。

二、基础设施高质量发展的方向和动态

推进基础设施高质量发展，实现可持续发展目标是全球基础设施发展的共同议题。把握基础设施发展的国际态势，积极借鉴有益理念和先进做法，对于推动国内基础设施高质量发展大有裨益。

（一）我国推动基础设施高质量发展的方向和重点

2020年2月，中央全面深化改革委员会第十二次会议审议通过了《关于推动基础设施高质量发展的意见》，提出要以整体优化、协同融合为导向，统筹存量和增量、传统和新型基础设施发展，打造集约高效、经济适用、智能绿色、安全可靠的现代化基础设施体系。2022年4月，中央财经委员会第十一次会议提出要全面加强基础设施建设，构建现代化基础设施体系。中央层面的两次会议为现阶段我国基础设施高质量发展指明了战略方向。

根据时任国家发展改革委基础设施发展司司长罗国三的解读，我国基础设施高质量发展的方向和重点体现为如下五个方面[①]：（1）加强规划引领，统筹增量和存量、传统和新型基础设施发展，系统优化基础设施空间布局、功能配置、规模结构，创新完善覆盖规划、设计、建设、运营、维护、更新等各环节的全生命周期发展模式。（2）紧盯不同区域、不同领域、不同方式间存在的突出矛盾，补齐基础设施短板，提升基础设施发展质量效益。（3）促进协同融合发展，正确处理基础设施间替代、互补、协调、制约关系，强化资源共享、空间共用，推动新型基础设施与传统基础设施跨界融合发展。（4）坚持绿色智能安全，集约节约利用土地、廊道、岸线、地下空间等资源，加快形成适应智能经济和智能社

---

① 罗国三：《扎实推动基础设施高质量发展》，《中国经贸导刊》2019年第18期。

会需要的基础设施体系，加强基础设施风险管控、安全评估和安全设施设备配套。（5）推动改革创新，把科技创新作为推动基础设施高质量发展的第一动力，深化重点领域和关键环节改革。

2021年11月，国家发展改革委批复同意深圳市组织开展基础设施高质量发展试点，试点内容包括跨界引领发展、跨区域协同发展、跨领域协调发展、跨前沿技术融合发展四个方面[①]。

（1）跨界引领发展。聚焦枢纽经济发展的优势特点、现有基础、薄弱环节和细微之处，加快建设联通全球的国际性综合交通枢纽城市。打破枢纽发展体制机制障碍，建立权责明晰、均衡协同、运行高效的枢纽发展体制机制。推动枢纽偏好型先进制造业和现代服务业向平台化、网络化转型，构筑区域新兴增长极。

（2）跨区域协同发展。以逐步实现跨区域规划共绘、设施共建、服务共享、运营共管为导向，促进国家省市联动、市级协同。增强跨区域基础设施连接性、贯通性，积极构建外畅内联的综合立体交通网络。建立健全深圳都市圈内基础设施一体化运维管理机制。

（3）跨领域协调发展。理顺各类传统基础设施之间替代、制约、互补关系，优化资源配置，提高协同发展水平。统筹交通、能源、水务、城市安全等传统基础设施空间布局，推进基础设施资源共享、设施共建、空间共用。

（4）跨前沿技术融合发展。推动新基建赋能传统基础设施，提高基础设施网络的辐射带动作用和溢出效应。加快交通、能源、市政等传统基础设施智慧化升级。

作为基础设施高质量发展试点城市，深圳市交通基础设施较为完

---

① 引自公开报道《深圳成为全国首个基础设施高质量发展试点城市，围绕四"跨"推进重大基础设施项目、平台建设》，载于深圳新闻网，2021年12月14日。

善，海陆空铁运力位居全国前列，城市基础设施保障能力突出，新型基础设施布局优势也十分明显，但城市发展面临土地空间、人口、资源、环境承载力等方面的突出问题，亟须通过基础设施高质量发展试点提高城市发展质量和拓展城市发展空间。尽管国内其他城市未必具备比肩深圳市的基础设施发展基础和条件，但可以透过深圳试点把握基础设施未来高质量发展的重点和路径，并未雨绸缪，迎接即将面临或已经存在的类似深圳所面临的难题。

（二）推进基础设施高质量发展的国际动态

近些年，随着日本对外积极推行"自由开放的印太战略"，建设高质量基础设施随即成为日本"印太战略"的重要组成部分。日本频频利用亚太经合组织（APEC）、G20、七国集团（G7）、日本—东盟峰会、东京非洲发展国际会议等国际场合推广其高质量基础设施理念[1]。2018年，美国和日本提出把透明度、市场化融资、开放性基础设施和债务可持续作为高质量基础设施投资的基本原则，并把推动修订亚太经合组织2014年通过的《基础设施建设和投资质量指南》作为两国优先目标。2019年，二十国集团（G20）峰会批准了日本倡议的《G20高质量基础设施投资原则》，强调将反腐、公开透明、资金可持续性、受援国偿债能力等作为基础设施援助的主要原则。目前，日本已经推行了多个"高质量"基础设施援助项目[2]。

---

[1] 姚帅：《解析日本"高质量基础设施"援助》，《世界知识》2019年第14期。

[2] 日本倡导的"高质量"内涵丰富。一些研究指出，日本"高质量基础设施合作伙伴关系"对中国"一带一路"建设形成竞争态势，甚至可能阻碍中国在海外推进基础设施的投资与建设。2018年以来，日本的"俯瞰地球仪外交"更是加大对高质量基础设施的推介，并宣称这样做的目的是阻止相关受援助国对中国产生"经济依赖"，并阻止受援助国对中国产生"政策追随"。参见孟晓旭《日本高质量基础设施合作伙伴关系构建及与中国的竞争合作》，《现代日本经济》2018年第6期。

此外，联合国一直在积极倡导对标可持续发展目标（SDGs）推进可持续基础设施建设，例如，在供水方面，确保为所有人提供用水和卫生设施并实现可持续管理；在电力方面，确保为所有人提供可负担、可靠、可持续和现代化的能源。2021年，联合国环境规划署（UNEP）发布研究报告《可持续基础设施的国际良好实践原则》（International Good Practice Principles for Sustainable Infrastructure），指出发展可持续的基础设施对于应对气候变化、改善公共服务和推动经济复苏至关重要；与此同时，不可持续的、规划不良的和交付不善的基础设施可能会对环境和社会产生灾难性影响。

鉴于基础设施对可持续发展的重要影响，国际社会已经越发意识到，在基础设施建设发展过程中纳入对"环境、社会和治理"（ESG）和对其他可持续发展因素的考量，对实现高质量基础设施投资具有重大意义[1]。基于ESG框架，投资者、融资方以及其他的利益相关方在制定决策时要评估某个基础设施项目在促进可持续发展、履行社会责任等方面的表现。世界银行《环境和社会框架》规定，在世行以"投资项目融资"方式支持的项目中，借款国对环境和社会风险与影响负有评价、管理和监测的责任。一些机构分析指出，满足ESG标准是成功实施高质量、可投资和可持续的基础设施项目的重要前提。例如，毕马威（KPMG）全球中国业务发展中心全球主席Vaughn Barber认为[2]，"就基础设施项目而言，遵守ESG标准与规范不仅是东道国法律法规和监管要求的体现，更是吸引国际投资者与国际金融机构参与项目融资的前提条件"。

---

[1] 近年来，国内也开始重视ESG理念。证监会、证券交易所陆续发布上市公司社会责任指引、环境信息披露指引、投资者关系管理工作指引等相关指引，积极引导上市公司践行ESG理念。2021年，国家发展改革委提出，要立足我国国情，并体现投资高质量发展要求，研究借鉴将ESG等国际先进理念融入可行性研究框架体系，从源头上提高投资项目前期工作质量。

[2] 冯栢文（Vaughn Barber）：《ESG是成功实施国际基础设施项目的必要条件》，《国际工程与劳务》2021年第7期。

第三节 基础设施投资需求

基础设施对全球经济和社会发展至关重要。牛津经济研究院（Oxford Economics）的研究成果显示，全球基础设施投资需求十分庞大，也存在较大的投资缺口。

一、基础设施的贡献

基础设施可以为经济增长、减轻贫困和环境可持续性创造重大收益，因而受到包括发展中经济体和发达经济体在内的各国及地区的普遍重视。随着经济社会发展，基础设施投资和需求保持同步是维持各国和地区经济增长的必要条件。对于发达经济体而言，紧跟需求步伐，新建或升级改造现有的基础设施对维持经济增长有着不可或缺的作用。例如，按照世界经济论坛（WEF）的满意度调查，美国是全球基础设施质量最高的国家之一[1]，美国在全美洲地区的基础设施市场上占主导地位，2007年至2015年间，美国的基础设施支出占全美洲地区的60%[2]。

对于发展中的经济体而言，基础设施投资带来的影响是变革性的，

---

[1] 美国的铁路基础设施远少于其他许多发达经济体，铁路在美国不像在欧洲那样被广泛应用于城际交通中。根据WEF的质量指标，美国的铁路基础设施水平要高于意大利、英国等拥有密集铁路网络的国家，这可能反映出受访的美国人对其当前铁路的可用性比较满意。美国土木工程协会（ASCE）对美国基础设施的评价略有不同。2013年美国土木工程协会（ASCE）对全美的15个基础设施项目（如灌溉、饮用水、铁路、学校等）进行了评估，总体得分为"D"；2021年，得分为"C-"，仍落后于许多发达经济体。

[2] ［澳］全球基础设施中心：《全球基础设施展望》，吴卫星等译，对外经济贸易大学出版社，2020年10月版。

其通过提供便利的交通、稳定的电力、清洁的水源等一系列措施，有力地推动社会经济的发展和提高人们的生活水平。各国实践普遍表明，基础设施投资是发展中经济体推动贫困落后地区经济长期向好发展的重要举措。尽管向贫困落后地区增加财政补贴和转移支付等方式是各国对贫困人口进行帮扶的典型举措，但"输血式"扶贫措施的减贫效果具有一定不确定性，且存在较大返贫风险。而在贫困落后地区加大基础设施投资，补齐短板，缩短其与外界的差距，能更好地实现脱贫目标，并且由于基础设施的长期作用性质，还可以巩固脱贫成果，避免脱贫人口重新返贫。基于中国家庭追踪调查数据库（CFPS）的一份研究表明，农村公路的减贫效应明显，显著降低了农村家庭的恩格尔系数，平均下降约16个百分点[1]。

目前，基础设施与发展之间的确切关系尚无定论，但大量研究显示，基础设施能力与经济产出同步增长。例如，世界银行的大样本统计研究表明，基础设施存量增长1%，GDP就会增长1%[2]，证实了基础设施在发展中可以起到的重要作用。与此同时，我们也可以找到由于基础设施交付质量低、资产维护差等原因造成基础设施效率低下的一些典型案例。据世界银行的非洲基础设施诊断性研究估计，由于撒哈拉以南非洲地区国有公用事业和基础设施提供商的效率低下，每年会产生约60亿美元的额外成本[3]。

---

[1] 张亦然：《基础设施减贫效应研究——基于农村公路的考察》，《经济理论与经济管理》2021年第2期。

[2] 世界银行：《1994年世界发展报告：为发展提供基础设施》，毛晓威译，中国财政经济出版社，1994年8月版。

[3] 世界银行：《政府和社会资本合作（PPP）参考指南（第3版）》，北京明树数据科技有限公司译，中国电力出版社，2018年4月版。

二、全球基础设施投资需求巨大

基础设施投资对发达经济体和发展中经济体均至关重要。如果基础设施水平不能随着经济的发展和人口增长而提高，就会阻碍经济社会发展和进步。然而，由于基础设施投资规模大、市场化供给不足、短期政治考量、政府借贷约束等原因[1]，即使在发达经济体，也经常出现基础设施投资不足的情况。

根据牛津经济研究院（Oxford Economics）的分析预测[2]，2040年全球基础设施[3]投资需求将达到4.6万亿美元（基于2015年的价格和汇率），2016年至2040年累计将达94万亿美元，投资缺口达到15万亿美元，占总需求的16%。按行业划分，电力和道路的支出需求最大，预计占67%，其次是铁路、电信、水、机场和港口等领域。上述七大基础设施领域支出总和约占GDP的3.5%。按地区划分，亚洲的总体投资需求最大，约占全球基础设施投资的50%以上。从基础设施投资缺口分析，美洲和非洲的投资缺口分别为各自投资需求的32%和28%。

值得注意的是，美国基础设施状况与其经济地位很不匹配。虽然美国在全美洲地区的基础设施市场上已经占主导地位，但近年来美国基础设施投资水平明显低于其他发达经济体，基础设施老化问题严重。根据牛津经济研究院的分析预测，2016年至2040年，美国可能会投资12.4万亿美元用于基础设施建设，投资缺口达到3.9万亿美元，

---

[1] IMF. World Economic Outlook：Legacies, Clouds, Uncertainties.Washington, October 2014.

[2] ［澳］全球基础设施中心：《全球基础设施展望》，吴卫星等译，对外经济贸易大学出版社，2020年10月版。

[3] 包括道路、铁路、机场、海港、电力、与水资源相关的设施、电信设施7个领域。

其中道路和电力行业占预计总需求的75%。2021年11月，美国国会通过了总额1.2万亿美元的《基础设施投资和就业法案》（Infrastructure Investment & Jobs Act），其中，5500亿美元资金用于基础设施领域建设，投资重点是交通设施、水利环境、电力网络等领域。

第二章 构建可持续的基础设施投融资机制

第二章 构建可持续的基础设施投融资机制

面向"十四五"乃至更长时期,我国基础设施投融资需求十分庞大。根据牛津经济研究院(Oxford Economics)的预测[①],2016年至2040年我国基础设施投资需求将达到28万亿美元,占全球基础设施投资需求的29.8%。目前,我国基础设施投融资仍面临较为突出的体制性、结构性问题,尤其是地方政府债务风险防范、融资平台公司转型等方面的挑战日益严峻,基础设施投融资亟须寻求新的突破口。

第一节 我国基础设施投融资现状

为补齐基础设施短板,提高基础设施供给质量,地方需要在短时期内密集投入大量建设项目,而仅靠地方财政预算资金显然无法满足基础设施建设产生的庞大资金需求。为寻求可持续的基础设施建设资金保障,地方政府需要进行对外融资。近年来,随着投融资体制改革和新预算法等顶层制度的深入推进,基础设施投融资渠道不断拓宽,投资主体、融资方式等日趋多元。

---

① [澳]全球基础设施中心:《全球基础设施展望》,吴卫星等译,对外经济贸易大学出版社,2020年10月版。

一、政府融资平台公司是我国基础设施建设发展的重要推动力

政府融资平台公司[①]是各地基础设施建设投资的主力军,也是基础设施融资的主渠道。从地方基础设施投资资金来源结构来看,超过60%的建设资金是财政资金以外的其他渠道资金,其中,由政府融资平台公司主导的资金占比超过60%。尽管出现了政府融资平台公司举债融资规模迅速膨胀、地方政府违规或变相提供担保等问题,但政府融资平台公司的贡献不可否认。在我国新型城镇化和基础设施发展进程中,如果没有政府融资平台公司的强力推进,就没有现阶段高质量的基础设施和城镇化的快速发展。

政府融资平台公司模式是地方政府在现有约束条件下的重要融资实践创新。在1998年中央财政刺激计划实施背景下,为应对亚洲金融危机冲击,中央允许地方政府通过变通手法进行对外融资以扩张投资规模。"银政合作"与"打捆贷款"模式[②],成为当时地方政府普遍的融资模式。2006年,国家发展改革委、财政部、建设部、人民银行和银监会五部委联合发布《关于加强宏观调控整顿和规范各类打捆贷款的通知》,要求金融机构停止一切对政府的"打捆贷款"和授信活动。2009年,为解决4万亿经济刺激计划中地方配套资金的来源问题,人民银行、银监会联合发布《关于进一步加强信贷结构调整促进国民经济平稳较快发展的指导意见》,提出支持有条件的地方政府组建政府融资平台公司,拓宽中央政府投资项目的

[①] 包括由政府融资平台公司剥离政府融资职能后通过兼并重组、整合归并同类业务等方式转型而来的公益类国有企业,主要承接政府委托实施的基础设施、公用事业、土地开发等公益性项目建设。

[②] 一般操作模式是,以国有独资或控股的城市建设投资公司作为承贷主体,将一个城市或区域的若干基础设施建设项目组合起来作为一个整体项目,统一行使借款和还款的责任。银行通常会要求以土地做抵押,同时往往需要地方政府出具担保函或安慰函。在实践中,该模式下动辄达到千亿元级别的融资规模,大大满足了地方政府的资金需求。

配套资金融资渠道。此后,以融资平台公司为主体的政府融资模式成为各地基础设施投融资的普遍做法,并一直持续至今。该基本模式可以概括为:土地财政+政府融资平台公司+政府信用支持的组合①。在基本融资模式下,土地财政是引擎,融资平台公司是枢纽,政府信用支持是源泉,三者互为依托,彼此支撑,形成了一个相对稳定的融资结构体系。

在目前的中央地方财政分权体制下,"经营土地"是地方政府应对"钱袋子"捉襟见肘时的必然选择,而由地方政府出资设立的融资平台公司显然是替地方政府实施"经营土地"战略的最佳主体。实证研究表明,依托政府融资平台公司的城市建设融资与城市建设投资之间存在自我强化的正反馈机制②,融资平台公司依托土地财政为城市建设投资筹集所需资金,而城市建设投资又通过拉动经济增长和改善基础设施进一步推动后续土地价格上升,为地方政府以融资平台公司为主体持续开展更大规模融资创造条件。

2014年,继全国人大审议通过预算法修正案之后,国务院发布《国务院关于加强地方政府性债务管理的意见》(国发〔2014〕43号),中央在地方政府性债务管理上形成比较明确的政策框架。在此背景下,"土地财政+政府融资平台公司+政府信用支持"的基础设施投融资模式受到极大约束。按照防范化解地方政府隐性债务风险的一系列规定,现有投融资模式需要进行修正。一方面,政府融资平台公司要依托自身信用开展市场化融资,必须与政府信用切割,地方政府及其所属部门不得以担保函、承诺函、安慰函等任何形式提供担保。另一方面,政府融资平台公司转型路径要合法合规,地方政府不得将公益性资产、储备土地注入融资平台公司,不得承诺将储备土地预期出让收入作为融资平台公司偿债资金来源。

---

① 引自刘立峰《地方政府的土地财政及其可持续性研究》,《宏观经济研究》2014年第1期。
② 引自郑思齐、孙伟增、吴璟、武赟《"以地生财,以财养地"——中国特色城市建设投融资模式研究》,《经济研究》2014年第8期。

二、地方政府债券融资功能日益凸显

根据新预算法和国发〔2014〕43号文件规定，发行地方政府债券是目前地方政府唯一合法的融资方式，除此以外，地方政府及其所属部门不得以任何方式举借债务。国发〔2014〕43号文件将地方政府债券划分为一般债券和专项债券，没有收益的公益性项目确需政府举借一般债务的，由地方政府发行一般债券融资，主要以一般公共预算收入偿还；有一定收益的公益性项目发展确需政府举借专项债务的，由地方政府通过发行专项债券融资，以对应的政府性基金或专项收入偿还。

自2017年以来，地方政府债券的发行规模增长快速（见图2-1），截至2021年12月底，已发行地方政府债券余额达到30.3万亿元。专项债的发行规模占比逐年提高，在2021年全年累计发行的地方政府债券中占65.7%，是地方政府债券的主导品种。专项债使用范围从初期的土地储备、收费公路和轨道交通逐步扩大到交通基础设施、能源、农林水利、生态环保、社会事业、城乡冷链等物流基础设施（含粮食仓储物流设施）、市政和产业园区基础设施、国家重大战略项目、保障性安居工程等领域。

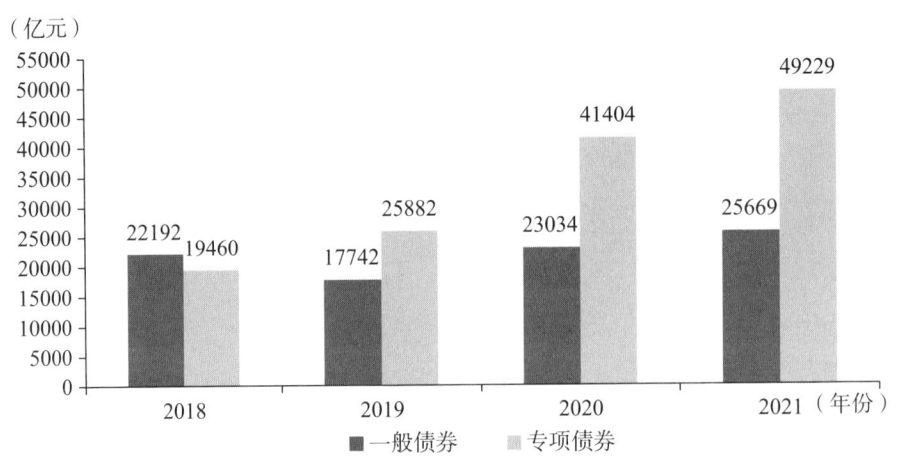

图2-1　2018-2021年全国新发行地方政府一般债券和专项债金额

数据来源：Wind数据库。

三、我国基础设施投融资面临的挑战和困难

（一）地方政府债务融资掣肘

一方面，尽管我国当前赤字率不高，但受经济形势、财政收支矛盾、防范债务风险等多重因素综合影响，赤字空间受到一定挤压，国债、地方政府一般债券等直接反映赤字的债务融资面临掣肘。"十四五"时期，多数省市的债务可持续性堪忧，经粗略估算，大约1/4的省级财政50%以上的财政收入将用于债务还本付息①。另一方面，受房地产市场加快转型调整等影响，土地出让收入规模增长空间有限，以土地出让收入为主要还款来源的专项债面临偿债风险隐患，若不拓展偿债来源，后续专项债发行额度及其可撬动的基础设施投资规模将受到明显制约。

（二）地方融资平台公司转型困难、融资受限

粗略统计，全国融资平台公司数量超过11000家，行政隶属关系有省级、地市级、县级甚至以下，其中几乎所有的综合性政府融资平台公司均承担地方重大基础设施的建设职能，并按政府意志开展项目投融资和项目管理。综合性融资平台公司除完成政府赋予的建设任务外，还肩负着基础设施和公用事业的运营责任，如城市供水、排水、污水垃圾处理、供热、轨道交通等。地方政府融资平台公司在按政府指令完成城市建设任务过程中，虽然账面上积累了一定规模的资产，但主要集中于公益性资产，缺少具有稳定现金流、足以支撑公益性项目的优质资产和经营性项目收益来源。

---

① 楼继伟：《面向2035的财政改革与发展》，《财政研究》2021年第1期。

在很长时期内，融资平台公司曾依托地方政府的信用背书，通过滚雪球的方式进行投融资运作，资产总量和债务规模不断增长，积累了大量的政府性债务。在防范化解地方政府隐性债务风险的大背景下，融资平台公司传统模式的制度基础受到极大约束，融资平台公司亟待转型。然而，在脱离政府信用背书后，融资平台公司以现有资产撬动市场化融资难度大增，靠资金腾挪化解到期债务愈发困难，市场化转型举步维艰。究其根源，政府融资平台公司天然就是为从事政府基础设施项目投融资而存在的，其业务、项目也通常由地方政府委派，并非完全的市场化行为，而且大多数基础设施项目缺乏长期稳定现金流。

（三）社会资本参与基础设施投资的积极性下降

当前，央企和地方国企等社会资本风险偏好整体下降，更热衷赚取施工利润、规避长期投资和运营，参与基础设施投资的积极性降低。一方面，以收益较好的关联产业来反哺和平衡收益较差的基础设施项目的难度加大，为避免新增隐性债务，以土地出让收益、税收、预期新增财政收入等返还补助作为基础设施项目收益的做法被严格限制。另一方面，PPP原本是社会资本参与投资、建设与运营基础设施的主流模式，然而受10%红线的制约，加之一系列严监管政策，新的PPP项目实施空间越来越有限。一些地方担心PPP模式增加隐性债务，甚至采取"一刀切"的做法，尽量避免采用PPP模式。

（四）民间资本参与基础设施项目仍存在一些障碍

长期以来，基础设施领域主要由政府或国有企事业单位投资建设和运营管理，很少见到民营企业的身影。2014年以来，随着PPP模式的推广应用，越来越多的社会资本特别是民间资本通过各种方式进入基础设施领域。然而，民间资本参与基础设施项目仍存在一些障碍。在市场环境层面，一些垄断行业市场开放度不高，"玻璃门"、"弹簧门"没有被完全打破。有的地方存在"新官不理旧账"问题，损伤民营企业信心。在项目层面，基础设施项目普遍投资规模较大、投资门槛较高，且很多项目经济效益较差、回报机制不明确，对民间资本缺乏吸引力。在企业层面，民营企业以往参与基础设施项目经验较少，在重大项目的施工经验、能力和资质方面有所欠缺，在激烈的市场竞争中往往不具有优势。与国有企业相比，民营企业总体上投融资能力不强，参与投资规模大的基础设施项目面临较大门槛。

（五）政府对社会资本的撬动效率有待提升

尽管国家多次下调基础设施项目最低资本金比例，但政策效果有限，大多数项目的实际资本金比例明显高于规定的最低资本金比例。由于对专项债用作项目资本金的项目要求较高、适用范围较窄，实践中用于项目资本金的专项债规模占比远小于25%的上限，有一些省份甚至从未将专项债用于项目资本金。基础设施REITs发行规模和政策性开发性金融工具额度有限，只能缓解部分项目资本金需求。此外，政府撬动社会资本的方式比较单一，贷款贴息、资源配置、税收优惠等"四两拨千斤"的政策工具应用较少。

（六）基础设施项目公益性强而盈利性偏弱的典型特征制约市场化融资

尽管基础设施需求总体比较稳定，且部分资产还有长期稳定的现金流，但项目本身投资规模大，且建成后受政府价格管制，故基础设施投资回报率一般较低。例如，从轨道交通投资情况看，项目投资回报周期普遍很长，通常达到30～40年甚至以上，每年可用于还本付息的资金相对较少。为保障项目能够按时还本付息，要求融资期限要足够长、足以与其投资回报周期相匹配，这样才能确保项目的长期可持续运营，而不至于因还贷或股东退出出现资金流断裂、运营中断的状况。目前，作为基础设施项目重要融资来源的银行贷款期限普遍较短，而超过25年甚至30年以上的长期债务融资工具普遍缺失，无法提供基础设施项目所需要的大规模的长期债务性资金。基础设施项目投资回报周期长、回报低等特征，决定了许多社会资本尤其是风险投资、私募股权投资人不会对此类投资感兴趣。基础设施领域长期资金的缺乏无疑增加了项目还贷特别是运营初期的还贷压力，也增加了项目运营期的债务风险特别是流动性不足的风险，不利于项目本身的可持续运营和发展。

第二节　基础设施投融资的国际经验及启示

其他国家的经验和做法，可以为我国建立健全基础设施投融资机制提供重要参考。从美国、日本、英国等部分发达国家实践来看，由于金融体系等国情不同，各国基础设施投融资机制和具体融资方式差异很大。

一、美国：以市政债券为主、多种融资方式并存

美国基础设施建设投入的资金来源，除联邦政府和地方政府公共财政支出外，地方政府主要借助发达的资本市场，在有力的市场约束条件下发行市政债券（Muni）进行融资。美国市政债券市场是在19世纪作为基础设施建设的融资市场发展起来的。历经两百年的发展历程，美国已拥有全球发行规模最大、运作最为规范的市政债券市场，并与美国国债（UST）、抵押支持债券（MBS）、公司债券（Corporates）、资产支持

债券（ABS）、联邦机构证券（Agency）等共同构成美国债券市场体系。目前美国市政债券市场已经成为低成本融资、高效支持基础设施融资的全球典范①。

2020年美国共发行市政债券4845亿美元，过去5年市政债券发行量年均增长3.6%。目前，未到期的市政债券市值达4万亿美元，占全美存量债券市值规模的7.8%②。按债券性质，美国市政债券一般分为一般责任债券和收入债券。其中，一般责任债券以地方政府的声誉和信用作为担保，以税收作为偿还来源；收入债券则以项目运营收入作为偿债来源③。发行收入债券的主体除地方政府外，还包括地方政府代理或授权机构④。从性质上看，这些市政企业兼具公益性和经营性，一方面，市政企业在一定程度上体现政府提供公共服务的意愿，另一方面，经营对象是有偿使用的公用事业，债券本息的偿还来源不是财政收入而是项目自身收益，这一点较接近一般的企业债券。根据SIFMA的统计数据，近些年美国新发行的市政债中收入债券占比超过55%。从行业领域看，教育、交通、公用事业三大领域占比超过50%。从期限看，美国市政债券期限通常较长，近些年新发行市政债券的平均期限超过18年。总体来看，市政债券较好地满足了美国基础设施对长期资金的需求，也体现了基础设施建设融资的代际公平理念。

为了满足基础设施建设融资需求，美国地方政府还采用税收增量融资、循环贷款基金等其他多元化融资方式。

---

① 引自［美］琳内特·凯利《美国市政债市场发展》，《中国金融》2018年第12期。
② 资料来源：Securities Industry and Financial Markets Association（SIFMA）。
③ 例如，综合体育馆和会议中心收入债券通常以举办体育赛事或会议取得的收入作为还款来源，在某些情况下，还可用其他收入（如财产税）作为债券还款来源。
④ 主要是地方公用事业或准公用事业领域的市政企业，其负责公用事业的投资、建设和经营，如自来水和煤气供应企业、污水处理厂等。

（1）税收增量融资（Tax Increment Financing，TIF）。TIF是一种适用于城市更新、基础设施建设及其他社区改进项目的公共融资方式。其基本逻辑是地方政府的城市建设投资能够改善城市环境，从而提升城市房产价值并吸引更多私人投资，进而产生更多的财产税和新的商业税收，继而反哺初始的城市公共投资。基本思路是：围绕城市建设项目划定一定范围的TIF区（存续期限与TIF项目期限一致），并设立该区的管理机构和发展基金。在设立TIF区后，既有税基被冻结（仍归原征税机构所有），在此基础上新增税收则归属于TIF区管理局，并纳入发展基金专款专用，用于支持城市建设开发和项目融资；TIF区一般通过发行税收增量支持债券先行融资，再用回收的增量税收偿还债券本息。若采用PPP模式，由合作的私人资本先行投资建设，之后随着项目进展以回收的增量税收按期支付对价。

（2）循环基金（Revolving Funds）。循环基金是州政府设立的旨在向地方政府提供低息贷款的资金池，地方政府还款后的资金仍回到资金池中。循环基金的资金来源主要是联邦政府拨款、州财政收入、债券或股票投资收益等，其宗旨是通过低息贷款方式为地方建设提供融资支持，确保基金的可持续性。为满足规模庞大的贷款需求、确保基金的可持续性，大多数循环基金都选择将原始资金杠杆化，通过发行债券补充基金。

（3）以田纳西河流域管理局为代表的政府性机构融资。美国政府性机构是由政府拥有或控制，旨在执行公共政策和提供公共服务的法人机构，类似于我国地方融资平台公司。美国采用立法先行的方式，为规范政府性机构的治理机构、预算约束、信息披露、问责机制，构建了较完善的法律体系，其中，1945年颁布的《政府性机构控制法》为政府性机构的运行和管理提供了法律框架。典型代表是田纳西河流域管理局（TVA）。TVA是1933年根据《田纳西河流域管理局法》设立的美国联邦政府所属的法人机构，专门负责解决田纳西河流域问题。按照定位，

TVA是一个"披着政府权力外衣但具有私有企业灵活性和主动性的公司"。TVA的资金来源包括：一是以电力销售为主的经营性业务的收入。二是财政部借款。根据TVA与美国财政部签订的融资协议，TVA可以向财政部借入期限为1年、总额不超过1.5亿美元的款项。管理和预算办公室（OMB）将TVA纳入联邦预算。《政府性机构控制法》授权审计总长对TVA进行定期审计。三是债券融资。TVA法授权TVA自行发行存量规模不超过300亿美元的债券，债券筹集的款项只能用于电力项目的资本支出（包括偿还用于该项支出的债务）。债券本息以净电力收入或法律允许的其他收入偿还，联邦政府不对债券承担偿付责任或担保。从债券属性看，TVA发行的债券属于市政债券中的收入债券。

二、英国：PFI成为吸引私人投资的重要方式

英国在1980年以前，城市供水、能源、电信、交通运输等领域的基础设施主要由政府投资建设和运营，前首相撒切尔夫人执政后，采用私有化方式将其中有稳定现金流的经济基础设施项目推向市场。20世纪90年代以来，英国政府在难以向使用者收费的社会基础设施领域大力推广私人融资计划（PFI）模式。具体操作思路是：政府与私营供应商签订长期合同，私营部门提供基础设施的设计、建筑、融资、操作和维护等"一站式"服务，政府按绩效付费，以保证服务质量。英国政府要求，地方政府和各中央部委在开发公共项目时，必须首先考虑利用私人资本的可能性，并将学校、医院、城市交通、垃圾处理、政府信息系统、司法和监狱等领域的建设陆续纳入PFI范围[1]。根据英国PUK/HMT

---

[1] 乔尚奎等：《"创新优化政府公共服务"之六 英国政府与社会资本合作的经验及启示》，《社会治理》2017年第2期。

项目数据库统计信息，按项目投资额衡量，大约60%的PFI项目集中在医疗、教育、交通、垃圾处理等领域。

英国在推进PFI过程中暴露出一些局限，如私人部门过度融资、忽视社会成本、监督不足等。针对上述局限，从2013年开始，英国政府推出第二代私人融资计划（PF2），主张政府以少量参股方式主动参与PFI项目的建设、运营、管理，并要求将项目的融资限额从之前的90%降到80%，以期抑制私人部门的过度投机行为。

三、日本：公团对完善基础设施发挥了巨大作用

二战后的日本重建时期，日本的"特殊法人"在国家基本建设、政策性金融，以及公用事业领域发挥了重大的作用。根据日本《有斐阁经济辞典》的解释，所谓"特殊法人"是指"因公共利益或国家政策的需要而基于特别法律设立的法人"。在法理上，特殊法人是根据特别的法律设立的法人，政府依法交付其某项公共事务，在运营方面则根据企业式方式进行管理和运作。公团是日本特殊法人的主要形态之一，与我国业务范围主要集中于基础设施领域的政府融资平台公司较为类似。

从某种意义上看，日本公团是特定历史背景下的产物。在战后日本经济恢复和高速增长时期，日本民营企业还不够壮大，仅依靠它们的力量还不能满足高速公路、机场等基础设施建设需求。根据这一情况，日本政府制定了特别法律，并在这些特别法律的基础上设立了专门负责大型基本建设的公团，政府对它们给予扶持和资助。这些公团主要分布于石油开发、道路建设、机场建设、住宅市政等领域。在公团成立后的数十年，它们很好地履行了历史使命。以道路公团为例，其职责主要有三方面：第一，具体负责高速公路的建设，主要包括施工计划的制订、组织工程发包、组建审标委员会、施工合同的签订与变更、施工监理、工

程费的支付等相关事宜；第二，负责已交付使用公路的常规维修、改造，以及灾害后的道路修复工作；第三，承担与高速公路相关的辅助设施的建设与管理，具体包括长途汽车站、收费停车场、高速公路服务区内基础设施等。道路公团为日本在战后建设完善的高速公路网络发挥了重大作用，截至2005年道路公团被分割民营化之前，其保有高速公路总长7353.6公里，人员总数在8000人左右[①]。

日本公团为战后日本基础设施建设和发展做出了重大贡献。伴随着公团历史使命的基本完成，公团运作中长期隐藏的问题和弊端开始浮现出来，日本社会各界要求包括公团在内的特殊法人进行改革的呼声日渐高涨。2001年12月，日本政府公布《特殊法人等整理合理化计划》，开始采用撤销或与其他机构合并、民营化、成为独立行政法人、对互助保险类型的机构单独进行清理和整合等不同方式对特殊法人实施改革。

在推行日本公团改革的同时，为应对经济低迷、财政状况恶化、人口减少、老龄化现象加剧、公共设施老化、设施更新费用增加等问题，日本借鉴英国PFI理念，在国内推行PPP模式，通过引入社会资本缓解其财政压力，力图改变依赖一般财源及公债的体制。

四、新加坡：以国家储备金制度为基础的政府统筹支持模式

考虑到国土面积狭小、人口密度高、土地资源稀缺、人口老龄化等基本国情，新加坡政府一贯奉行不依赖外债、鼓励国民自力更生、增加国家储备的方针。历经几十年，新加坡政府已经积累了大量的国家储备金，并将其作为重点项目建设和公共事业发展的重要资金来源。新加坡

---

① 数据转引自林家彬《日本的特殊法人改革》，《经济社会体制比较》2008年第3期。

国家储备金来源主要包括：（1）公积金。新加坡于1955年通过法律设立了强制公积金制度。公积金会员除经批准动用部分公积金购买住房、支付子女教育费用等用途外，其余公积金掌握在政府手中。（2）财政盈余。新加坡政府推行盈余财政，政府每年节约的财政预算资金按规定要转入国家储备金。（3）土地出让收入。新加坡土地管理局代表国家管理全部国土资源，重点对占国土面积85%以上的国有土地进行分类管理，实行土地的"二次出让"模式[①]。"一次出让"是指土地管理局根据土地利用规划确定的不同用途土地，以象征性价格出让给不同法定机构，获得土地使用权的法定机构，代表政府向企业、社团和私人出让土地，出让方式包括出售（10年以上）和租赁（10年以内）。土地出让金不能由政府部门和法定机构直接支配使用，必须转入国家储备金。

国家储备金主要由新加坡金融管理局（MAS）、新加坡政府投资公司（GIC）及淡马锡控股（Temasek Holdings）三家机构管理[②]。在政府的国家储备净投资回报贡献（NIRC）框架下，新加坡财政部每年可从新加坡政府投资公司、新加坡金融管理局和淡马锡控股的预期长期净投资回报中，提取高达50%充当财政收入，用于补充当年财政开支。新加坡政府集中的大量国家储备金主要用于基础设施建设、住宅（组屋）建设、海外投资等方面。

新加坡在短短40多年内建成了广泛高效的基础设施。一方面，发挥政府积极作用，通过法定机构和政联企业（Government-linked Corporations）主导基础设施的开发和相关服务；另一方面，积极鼓励私

---

① 引自高国力《新加坡土地管理的特点及借鉴》，《宏观经济管理》2015年第6期。
② 金融管理局采取相对保守的方式管理国家的外汇储备，主要投资于高流动性的金融资产。新加坡政府投资公司则以专业基金经理的方式管理政府的资产，目标是取得良好的长期回报，保存及提升储备金的国际购买力。淡马锡控股除了在多家政联企业持股，也在海外投资。公积金由新加坡中央公积金局统一管理。

人资本参与,力求形成政府与市场的长期合作关系。从发展历程看,私人资本参与新加坡城市建设可划分为三个时期:

(1)1960年至1980年:"政府主导、企业支持"型的基础设施发展和公共服务供给。新加坡政府通过法定机构和私营企业共同规划和建设公共基础设施。1967年,新加坡市区重建署(URD)推出首个售地计划,通过有效的途径利用私营部门的资源,加速和维持城市重建工作。市区重建署制定土地销售条件,确保私营企业的目标与国家发展目标保持一致。

(2)1990年至2000年:政府撤资、私有化和私营企业参与度提升。新加坡政府决定退出不再需要由公共部门承办的商业活动,将私有化视为扩大新加坡股市和降低经营成本的重要手段。例如,环境部将垃圾管理部门中的垃圾收集服务进行了私有化,各个区域的垃圾收集权面向有资格的私营垃圾收集公司公开招标。

(3)2000年至今:最佳采购倡议和PPP模式。2004年,新加坡财政部正式将PPP模式作为最佳采购框架下的专门采购方式,并推出了《PPP手册》,指导各部门采用PPP模式。第一个成功的PPP项目是投资额达2.6亿新元的海水淡化项目。除环保和水务类PPP项目外,新加坡还先后推出了新加坡体育城、工艺体育西区学院、贸易交换网和下一代国家宽带网络等若干PPP项目[1]。

五、几点启示

美国、英国、日本、新加坡等国家开展基础设施融资的做法和经

---

[1] 有关资料根据《新加坡政府和社会资本合作(PPP)政策及实践》(王天义、杨斌主编,清华大学出版社,2018年4月版)整理。

验，给我国建立健全基础设施投融资机制提供了若干有益启示。

一是构建基础设施投融资机制应立足国情。通过国际比较可以看出，由于政治经济体制、法律制度、金融体系等国情不同，全球范围内基础设施融资没有统一、普适性模式。比如，美国基于发达的债券市场，通过发行市政债券融资成为主流融资模式，而在欧洲国家，市政债券发行量较小。日本除了一定规模的债券融资量外，银行信贷在基础设施融资中发挥着重要作用。随着基础设施水平的改善，基础设施投融资机制也会随之动态变化。这从日本、新加坡等国家基础设施投融资模式的变迁可以看出。进入2000年，日本城镇化率达到80%左右，大规模开展基础设施建设的阶段接近尾声，在此背景下日本对存续几十年的特殊法人制度进行改革。这给我们的重要启示是，不宜简单效仿和照搬单个国家的做法，而应根据我国的经济社会发展阶段、基础设施水平等具体情况，广泛借鉴各国有益经验和做法，构建适合我国国情的基础设施投融资机制。

二是设立政府特设机构是各国较为普遍的做法。基础设施领域普遍存在一定程度的市场失灵，弥补市场失灵或由政府直接投资建设，或由特设机构代替政府履行相关职能。纵观世界各国，尽管从形式和名称上看，没有设立政府融资平台公司，但很多国家特设的政府机构（包括一些公营企业）实际上承担了政府投融资主体的职能，与我国地方政府融资平台公司的作用类似。由中央或地方政府成立特殊目的机构代替政府行使基础设施领域公共工程投资建设的职能，是一种比较普遍的做法，如美国田纳西河流域管理局、日本公团等。这些特设机构的共同特点是，代表政府投资建设公共工程，虽有经营性收入但并非以营利为主要目的。与由政府直接投资建设公共工程相比，特设机构搭建了政府与金融市场之间的桥梁，较好地解决了非经营性公共工程的市场化运作问题。从各国特设机构的运作机制看，特设机构虽由政府设立，但仍保持独立的法人实体，与政府之间的责权利关系也比较明确。

三是通过多种方式吸引私人资本参与基础设施建设。美国TIF模式、英国PFI模式、日本公团私有化改革、新加坡PPP模式等主要政策考虑是撬动私人资本参与建设。国外成功实践给我国的重要启示是，在推进城镇化进程中，单靠政府力量不足以有效满足基础设施投资需求，需要政府部门和私人部门通力合作，促使更多私人资本参与基础设施建设，充分发挥私人资本的经验、效率和创新能力。

四是建立完备的法律和市场约束机制。美国在联邦证券法律框架下成立市政债券规则制定委员会（MSRB），履行市政债投资者保护职能以及负责为经纪商、市政债财务顾问等金融中介建立行为准则。在联邦层面，联邦证券法律有反欺诈条款和信息披露要求，确保市政债的风险和特征完整、公平地向投资者披露。为避免对民营资本造成挤出，破坏市场机制，日本为公团等特殊法人特别立法。此外，各国普遍注重利用公开市场投资者"以脚投票"的市场压力强化对地方政府的债务约束。以美国为例，尽管州政府和其他地方政府可以自主在资本市场上发债融资，但这并不意味着对发行主体没有严格的检查和约束，市场会借助财政纪律、投资者保护和信息披露规则，对市政债券发行主体进行奖惩。

第三节 可持续基础设施投融资机制的构建思路

为支撑以促进人的城镇化为核心、提高质量为导向的新型城镇化战略实施，适应基础设施投融资新形势新要求，要立足可持续融资视角，牢牢守住风险防范底线，围绕主体多元、重构信用、优化结构，形成期限匹配、成本适当、全周期的基础设施投融资机制。

一、形成政府市场协同发力的投融资主体多元化格局

随着经济增速放缓,全国一般公共预算收入增速显著下滑,由过去的两位数增长进入个位数增长的阶段,加上土地等公共资源出让出租收益减少,政府手中能够用于投资的资金将呈现明显下降趋势,政府投资规模很难再保持前些年的高速增长,较大规模、较宽领域的政府投资模式将不可持续。倘若地方基础设施项目均由政府主体完成投融资,政府投资能力面临很大挑战,是不现实的,地方基础设施建设应坚持市场化改革,形成政府和市场协同发力的投融资主体多元化格局。

(一)政府投资应有为更应有度

鉴于基础设施项目的公益性或准公益性特征,此类项目需要也有充分理由获得政府支持。然而,政府资源的有限与庞大的基础设施投资需求之间的矛盾较为突出。政府投资应"有所为有所不为",确保政府投资聚焦重点、精准发力,更好履行弥补市场失灵的有限职能,更加突出政府投资的公共属性,主要投向市场还不能有效配置资源的领域,减少竞争性领域的投资,为市场主体让渡乃至创造投资机会,更不能与市场主体争利。在明确约束政府投资范围的同时,还要充分发挥政府的规划约束和引导作用,强化政府投资刚性约束,核心措施是地方政府定期编制投融资规划,并与国民经济和社会发展规划纲要、专项规划等做好衔接,将一定时期内要完成的基础设施项目纳入规划。编制投融资规划的主要目的是摸清家底、量入为出、合规融资。纳入投融资规划的项目,按成熟度梯次与政府投资年度计划做好衔接,科学有序推进。此外,要合理划分中央和地方政府投资事权。鉴于基础设施项目可融资性与城市可支配资源(基本对应于行政层级)密切相关,中央投资要向县级基础设施项目下沉,对于相同行政层级

的城市，向相对落后的中西部地区倾斜，努力提高基层基础设施项目可融资性。

（二）以按市场机制运行为核心推进政府融资平台公司转型

为满足未来依然庞大的基础设施投资需求，在相当长时期内，政府融资平台公司的主力军作用无可替代，继续促进政府融资平台公司转型发展是构建基础设施投融资机制的重要内容。政府融资平台公司长期服务于地方政府基础设施建设，积累了丰富的基础设施建设和运营管理经验，在构建现代化基础设施体系的重要时期，以市场化行为服务于基础设施建设，不仅仅是政府融资平台公司的重要使命，也是地方政府促进基础设施发展的有效手段。

由于政府融资平台公司的特殊性，可行的转型路径选择是，以市场化运作为核心，将其从地方政府的投融资主体转型成政府授权的公共资源利用主体和公共项目实施主体，通过构建适宜的业态模式实现可持续发展。相反，将政府融资平台公司转型成与政府毫无关联、完全的市场化主体，既无必要也不可行。具体而言，要在政府和平台公司之间建立公开透明、清晰明确的权责利关系，加快完善法人治理结构；建立政府授权投资机制，实现投资、融资、建设、运营等的一体化；整合地方政府的资源、资产和资金，优化资产负债结构，增强平台公司信用，提升投融资能力。

（三）以运营为导向鼓励社会资本尤其是民间资本参与基础设施建设

以确保安全稳定运营和增加有效供给为原则，加快培育一批创新能力强、管理水平高的专业化运营企业，重点引导和支持行业内骨干企业参与基础设施建设。在相关发展规划和行动计划制订过程中，积极主动听取社会资本特别是民间资本的意见和建议，在投资项目可行性研究论证和项目实施方案研究中考虑民间资本的合理合法利益诉求，从源头上降低投资项目信息不对称的问题。支持鼓励民间资本强强联合，优势互补、形成合力，通过组建投标联合体等方式参与投资规模大的基础设施项目，实现施工、融资、运营等不同参与方的优势互补，充分发挥各类社会资本的专业能力和优势。为充分调动和发挥运营商的积极性，实现项目运营目标，可在项目公司治理、产业配套设施物业持有率等方面对运营商提出更高的要求。

二、重构多重信用驱动模式

为实现基础设施投融资模式可持续发展，纠偏现有模式日益凸显的弊端，要重构信用结构，促进基础设施投融资从长期以来高度依赖政府信用的模式转向政府信用和企业（项目）信用双轮驱动。

（一）丰富地方政府信用来源

培育地方政府稳定的主体财源，推动土地财政逐步由以出让收入为主向出让收入和税收收入兼备转型，丰富地方政府信用来源。建议在现有试点基础上，向全国推广房产税，通过立法明确房产税、与土地相关的专项税以及针对房产（财产）的特别收费作为地方政府的主体财源，使地方政府拥有相对稳定的财源用于基础设施建设与运营，这对于当前地方政府依赖的土地出让收入具有较好的替代效应。

（二）建立规范的地方政府举债融资机制

地方政府对基础设施融资的信用支持应有边界，地方政府及其所属部门可依法依规对基础设施项目的投资主体承担付费或补贴责任，但不得为上述投资主体对外举债承担还贷或担保责任。稳步扩大地方政府一般债券和专项债券的融资规模，作为地方政府唯一的法定融资渠道，要进一步提高透明度，增强地方政府债券融资的市场化约束。同时，要拓宽专项债项目收益来源，健全专项债偿债保障机制，改变当前专项债来源单一和过度依赖土地出让收入的局面。

（三）建立合理可行的基础设施项目溢价回收机制

基础设施项目具有很强的外部性，基础设施条件改善之后通常可以带来周边土地增值及物业开发收益增长。基于可持续融资的视角，可借鉴TOD（公共交通导向的开发）、EOD（生态环境导向的开发）等模式的实践经验，建立溢价回收机制，实现基础设施外部效应内部化，为基础设施项目初始建设投入及后续长期运营维护提供资金保障。

（四）健全项目合理回报机制

全面深化基础设施领域价格机制改革，健全水、电、气等公益性产品合理的价格形成、调整和补偿机制，创新项目商业模式，挖掘项目潜在商业价值，健全项目投资回报机制。通过配套的制度建设，还可以推动非经营性项目向准经营性项目转化、准经营性项目向经营性项目转化，提升项目收益水平。

三、优化基础设施项目融资结构

为适应未来基础设施投融资需求，要增存并举，既用好增量资金，也通过盘活存量资产带动投资增量，实现投资良性循环；进一步提高直接融资比重，鼓励投融资主体充分利用多种形态的市场化融资工具筹集资金，优化基础设施投融资结构；拓宽长期资金参与渠道，促进投资回报周期和融资期限相匹配。

（一）增存并举

目前，中国经济已经进入了存量时代，经过长期的投资建设，形成了非常可观的存量基础设施资产规模。为满足基础设施建设资金需求，需要以政策手段引导有效盘活存量资产、实现投资良性循环。盘活存量资产既是防风险、降杠杆的重要路径，也是应对以土地经营为核心的投融资模式难以长期持续的积极举措，将回收资金用于新的基础设施项目建设，可以增加基础设施建设资金来源，提升地方政府投资能力。

（二）提高债券融资规模

在推进基础设施发展过程中，要从以间接融资为主的模式转向间接融资与直接融资模式相结合，稳步提高债券融资（包括基于地方政府自身信用的政府债券融资和基于企业或项目信用的企业债券融资）的规模和地位，能有力推动地方政府债务显性化和透明化，并利用公开市场投资者"用脚投票"的市场压力强化地方政府的债务融资约束。值得注意的是，监管层正在积极推进建设债券市场统一监管制度。2020年4月，中共中央、国务院公布的《关于构建更加完善的要素市场化配置体制机制的意见》明确提出要"推进债券市场互联互通""统一公司信用类债券信息披露标准"。人民银行、国家发展改革委、财政部、证监会联合发布《信用评级业管理暂行办法》，明确对信用评级行业进行统一监管。此外，人民银行、国家发展改革委、证监会联合印发《关于公司信用类债券违约处置有关事宜的通知》，要求建立统一的债券违约处置机制。在公司债、企业债、非金融企业债务融资工具相对独立运行的市场格局下，上述举措将对债券市场发展产生深远影响。

（三）拓宽长期资金参与渠道

许多基础设施项目投资规模较大、投资回收期长，为提高项目融资持续性，融资资金期限应比较长，方能更好匹配项目期限。因此，需要积极拓宽长期资金参与基础设施投资和建设的渠道。保险资金是目前国内最主要的长期资金，特别是寿险资金对长期性、安全性、收益性有特殊要求，其保险产品的交费期和责任期多数在20年以上，根据保险公司资产负债久期匹配的原则，一般要求具有稳定可靠的收入且期限较长的资金运用渠道与之相匹配。部分基础设施项目现金流相对稳定且资金需求期限长，较符合保险公司资产负债久期匹配的特性。引入保险资金也可在一定程度上缓解基础设施项目融资期限与投资回报周期不匹配的问题。

第三章 基础设施领域补短板

第三章　基础设施领域补短板

近年来，我国固定资产投资结构不断优化，为增强经济发展后劲、扩大有效投资、带动就业和改善民生提供了有力支撑。但2018年以来整体投资增速放缓，特别是基础设施投资增速回落较多，亟须聚焦基础设施领域补齐短板，提高投资有效性和精准性，扩大有效投资。同时，基础设施领域补短板要和适度超前开展投资建设有机结合起来，适度超前布局有利于引领产业发展和维护国家安全的基础设施，同时把握好超前建设的度。

第一节　基础设施领域补短板政策

投资宏观管理通过实施长短结合、总量结构配合的一系列政策措施，实现对投资活动的宏观管理目标，在调节投资总量的同时，促进投资结构调整优化，提高投资质量效益，更好发挥投资对优化供给结构的关键作用。补短板是深化供给侧结构性改革的重点任务之一，属于典型的结构性投资调控政策。

一、补短板政策含义

"短板"概念源自管理学中的木桶理论，即一个水桶无论有多高，它能装多少水，取决于最短的那块木板。若将木桶最短的板子补高，水桶的容量也就增加了，由此可见补短板的价值和意义。

2015年12月召开的中央经济工作会议提出："着力加强结构性改革，在适度扩大总需求的同时，去产能、去库存、去杠杆、降成本、补短板，提高供给体系质量和效率，提高投资有效性，加快培育新的发展动能，改造提升传统比较优势，增强持续增长动力，推动我国社会生产力水平整体改善。"在供给侧结构性改革的五大重点任务（"三去一降一补"）中，补短板属于做加法，通过扩大有效供给、补齐软硬基础设施短板，提高投资有效性和精准性，解决供需错配问题，满足我国各种潜在需求，从而更大程度地释放我国经济社会发展中蕴含的潜力和活力。

虽然"补短板"作为重要的宏观经济政策举措在2015年首次被提出，但是"补短板"这一行为及其对我国经济社会产生的影响实际上一直都存在。每个经济体在发展过程中都会存在这样那样的短板，能不能及时发现并加以补齐是经济实现可持续发展的重要保障。改革开放以来，我国经济保持了40余年的持续增长，社会各行业、各领域发生了翻天覆地的变化，人民生活水平大幅提高。这一过程中，我国经济社会也曾出现各种短板和弱项，但政府能够及时发现并采取合理政策措施对一些短板加以补齐，保证了经济的可持续增长。然而，由于一些短板并没有被及时发现或及时补齐，随着木桶直径不断增大，短板愈发凸显。当前我国经济进入新发展阶段，已经接近水满而溢的边界，在继续扩大木桶直径的同时也亟须补齐木桶短板，从而使木桶容量发生质的变化。通过补齐经济发展中的"短板"，提升整个国家宏观经济的"木桶容量"，增量优化带动存量调整，促使经济实现更高质量的跃升。在短期内，面对经济下行压力较大、消费增长动力较弱的情形，要实现经济增长预期目标，需要合理扩大有效投资，通过加大补短板投资力度，积极扩大内需、应对经济下行压力。

2015年以来，针对关键领域和薄弱环节，国家出台了一系列政策措施，各地和有关单位也研究制订了重点领域补短板实施方案。鉴于基础设施对促进城乡和区域协调发展、改善民生等方面的重要支撑作用，补短板政策对基础设施领域着力最大、着墨最多。

二、基础设施领域补短板政策取向

2018年10月，国务院办公厅印发《关于保持基础设施领域补短板力度的指导意见》（国办发〔2018〕101号），提出要聚焦关键领域和薄弱环节，保持基础设施领域补短板力度，提升基础设施供给质量，更好发挥有效投资对优化供给结构的关键作用。该文件对基础设施领域补短板工作在实践中形成的有益经验和做法进行了提炼，是一个时期内保持基础设施领域补短板力度的纲领性文件。

为什么要专门发文强调保持基础设施领域补短板力度？这要从2018年前后基础设施投融资形势发生的重要变化来理解。2018年之前，我国基础设施投资曾保持高速增长态势，5年平均增速在20%左右，2017年基础设施投资对整体投资增长的贡献率达到60%，对整体投资增长形成了重要支撑。但是2018年年初开始，基础设施投资增速大幅回落，当年前三季度，基础设施投资仅增长3.3%，增速同比回落16.5个百分点，连续9个月下降，连续5个月仅为个位数。基础设施投资中占比较大的道路运输业、公共设施管理业、水利管理业和铁路运输业分别增长8.9%、1.7%、-4.7%和-10.5%。基础设施领域投资增速回落较大的背景下，一些领域和项目存在较大投资缺口，亟须聚焦基础设施领域突出短板，保持有效投资力度。

基础设施领域补短板政策的难点在于投资政策方向和度的把握，选择何种投资政策，不能简单地看统计数据，否则很容易犯下刻舟求剑的错误。2008年全球金融危机爆发时，我国宏观经济受到冲击，经济增速快速回落，经济面临硬着陆的风险。为应对这种危局，我国于2008年下半年推出了进一步扩大内需、促进经济平稳较快增长的若干措施（即所谓的"4万亿经济刺激计划"）。2018年以来，尽管基础设施投资增速大幅下降，但投融资环境和特点已截然不同于以往，突出表现为：第一，党的十九大后，我国将高质量发展和满足人民美好生活需要作为主要目标，转变发展方式、优化经济结构、转换增长动力的力度不断加大；第二，京津冀协同发展、长江经济带、长三角区域一体化发展、推进海南全面深化改革开放、粤港澳大湾区、乡村振兴等国家重大战略稳步推进，投资和消费升级进度持续加快；第三，防风险政策密集出台，金融监管不断加强，防范地方政府隐性债务风险的要求日益严格。面对新形势新要求，基础设施补短板要坚持两个基本原则。

（一）既不过度依赖投资也不能不要投资、防止大起大落

针对经济运行稳中有变、外部环境发生明显变化的大形势，2018年7月，中共中央政治局会议提出了"六稳"（即稳就业、稳金融、稳外贸、稳外资、稳投资、稳预期）。2019年7月30日，中共中央政治局会议再次强调要全面做好"六稳"工作。"六稳"中，稳投资的作用是关键性的，合理扩大有效投资将为推动经济社会高质量发展，更好实现稳就业、稳金融、稳外贸、稳外资、稳预期提供有力支撑。在以往经济下行周期中，基础设施投资逆周期调节功能显著，对稳投资发挥了关键作用。当前，国内经济下行压力加大，基础设施稳定投资增长的任务依然重要，绝不能不要投资。但是，在经济发展方式和动能调整，防风险要求日益趋严的大背景下，要注重提高投资有效性和精准性、优化投资结构、提升投资质量，出台强刺激政策显然是不可取的。因此，基础设施领域补短板要坚持既不过度依赖投资也不能不要投资、防止大起大落的基本原则。

（二）尽力而为、量力而行

基础设施补短板要秉持尽力而为、量力而行的原则，注意防范化解政府隐性债务风险和金融风险，牢牢守住不发生系统性风险的底线。对金融机构而言，要审慎合规经营，尽职调查、严格把关，按照市场化原则评估借款人财务能力和还款来源，综合考虑项目现金流、抵质押物等审慎授信。对各地方政府而言，要把握好"三个严格"：（1）严格可研论证。在建设项目可行性研究阶段，要根据地方财政承受能力和地方政府投资能力，充分论证资金筹措方案是否可行，加大财政约束力度。（2）严格项目建设条件审核。区分轻重缓急，对确有必要、关系国计民生的在建项目，统筹采取有效措施保障合理融资需求，推动项目顺利建成，避免资金断供、工程烂尾，避免形成"半拉子"工程。（3）严格规范政府举债行为。严禁地方政府违法违规融资担保行为，严禁以政府投资基金、政府和社会资本合作（PPP）、政府购买服务等名义变相举债。

第二节　基础设施领域补短板的方向选择

基础设施领域补短板首先要找准关键领域和薄弱环节，精准发力，不撒胡椒面。同时，也要充分考虑地方财政承受能力和政府投资能力，把握补短板项目的实施节奏。

一、基础设施领域补短板方向选择的标准

不同于一般的产业项目，基础设施项目要注重全生命周期综合效益，既要算经济账，又要算综合账，实现经济效益、社会效益、生态效

益、安全效益相统一。具体而言，选择基础设施领域补短板方向，可以参照以下标准。

（1）重要性标准。补短板不是"胡子眉毛一把抓"，而是要精准发力，抓住主要矛盾、抓住矛盾的主要方面。对那些具有战略性、引领性、全局性影响，对经济社会发展形成重要支撑作用的重点领域，要优先纳入补短板范畴。

（2）紧迫性标准。相对于人民日益增长的美好生活需要，短板无处不在。但在资源有限的情况下，要按照尽力而为、量力而行的原则，考虑各关键领域和薄弱环节具体项目的建设时序，选择紧迫性更突出的领域优先纳入补短板范畴。

（3）外部性标准。正外部性越大的行业领域对经济社会发展的溢出效应越大，就越需要政府资金投入，需要公共政策支持，为推进高质量发展创造更好的条件。

（4）创新性标准。当前，基础设施新业态加快涌现，协同融合发展特征更加明显，对基础设施技术自主可控水平、创新应用能力的要求越来越高。要实现基础设施高质量发展，必须要坚持创新驱动，将基础设施领域前瞻性、引领性技术的研发、创新与应用短板优先纳入补短板范畴。

（5）动态性标准。不同地区的关键领域和薄弱环节不尽相同，同一地区在不同发展阶段，关键领域和薄弱环节也不是一成不变的。因此，各地要适时对补短板方向进行评估，提高补短板投资的有效性和精准性。

二、聚焦重点领域补短板

国办发〔2018〕101号文件提出，聚焦脱贫攻坚、铁路、公路水运、机场、水利、能源、农业农村、生态环保、社会民生等基础设施重点领域短板，加大投资力度。伴随着形势变化和相关领域发展，补短板重点任务需要进行动态调整。2022年4月，中央财经委员会第十一次会议提出要精准补短板、强弱项，从五个方向全面加强基础设施建设。这实际上提出了新形势下基础设施领域补短板的重点方向。

（一）加强交通、能源、水利等网络型基础设施建设

目前，我国基础设施网络尚存在制约规模优势发挥的短板弱项，例如，城市群、都市圈互联互通和共建共享水平不高，点线面不匹配不衔接，节点能力不足、功能尚不完善等。对此，要把联网、补网、强链作为补短板的重点方向，着力提升基础设施网络效益，重点任务包括加快建设国家综合立体交通网主骨架、优化提升全国水运设施网络、发展分布式智能电网、加快完善油气管网、加快构建国家水网主骨架和大动脉等。

（二）加强信息、科技、物流等产业升级基础设施建设

同高质量发展要求相比，我国产业基础能力和产业链水平存在诸多短板，产业基础不牢、地基不稳问题仍然突出，核心基础零部件、先进基础工艺、关键基础材料、产业技术基础等方面对外依存度高，许多产业面临"缺芯""少核""弱基"的窘境[1]。为增强产业链供应链韧性、提升产业基础能力和产业链水平，要着力推进重大科技基础设施布局建设，围绕产业链部署创新链，加快实施产业基础再造工程。同时要加快完善现代物流基础设施体系，高效整合各类资源和要素，提高企业、产

---

[1] 国家发展和改革委员会：《中华人民共和国国民经济和社会发展第十四个五年规划和2035年远景目标纲要》辅导读本，人民出版社，2021年3月版。

业和区域间的协同发展能力。

(三)加强城市基础设施建设

我国城市基础设施领域发展不平衡、不充分问题仍然突出,体系化水平、设施运行效率和效益有待提高,安全韧性不足,这些问题已成为制约城市基础设施高质量发展的瓶颈[1]。例如,面对复杂严峻的自然灾害形势,我国城市基础设施的防灾、减灾、抗灾、应急救灾能力和极端条件下城市重要基础设施快速恢复能力、关键部位综合防护能力还存在短板和不足。城市基础设施是一个包括多个子系统在内的综合系统,要从人民群众实际生活需求出发,推进城市基础设施体系化建设,系统提升城市交通、水、能源、环境卫生、园林绿化、信息通信、广播电视等基础设施供给能力和服务质量,增强城市安全韧性。同时,要推动城市基础设施共建共享,强化区域基础设施互联互通,促进城市群都市圈基础设施一体化发展。

(四)加强农业农村基础设施建设

目前,我国农业农村基础设施领域欠账较多,补短板任务还十分艰巨。例如,多数村庄的村内道路没有硬化,生活污水治理设施覆盖的行政村占比低[2]。农业综合生产能力有待进一步提升,例如,部分地区存在耕地"非粮化""非农化"现象,东北黑土地退化等问题突出,农田水利、农产品仓储保鲜冷链物流设施等农业基础设施相对薄弱。未来一个时期,要聚焦农业农村基础设施短板弱项,推进农田水利设施、农产品

---

[1] 引自《"十四五"全国城市基础设施建设规划》。
[2] 国家发展和改革委员会:《中华人民共和国国民经济和社会发展第十四个五年规划和2035年远景目标纲要》辅导读本,人民出版社,2021年3月版。

仓储保鲜冷链物流设施等重点领域补短板，夯实粮食安全基础，增强农业综合生产能力，提升乡村基础设施和公共服务水平，以基础设施现代化促进农业农村现代化。

（五）加强国家安全基础设施建设

当前，国际环境日趋复杂，不稳定性不确定性明显增加。西方国家将我国视为最大威胁和对国际秩序的长期挑战，从经济、政治等领域对我国实施打压。我国安全发展面临前所未有的挑战，亟须加大安全基础设施领域投资力度，加快提升应对极端情况的能力。例如，加快新能源电源、电力外送通道建设，优化油气管网布局，增强能源自主保供能力。

三、加强补短板项目谋划

项目是落实基础设施领域补短板政策的载体。聚焦重点领域和薄弱环节谋划和储备项目，是加大补短板投资力度的重要一环。

（一）谋划能力较弱影响项目储备

受项目前期经费不足和专业能力受限等因素影响，地方尤其是基层政府项目谋划水平不高，项目论证不充分，项目谋划雷同，造成项目落地实施难。当前，基础设施领域投资项目的跨领域特征日益明显，但地方普遍擅长传统项目谋划，对新型基础设施等领域项目投融资特征不了解，仍习惯在本领域独自开展项目谋划，缺少跨部门协同，导致能体现多重效益的跨领域优质项目储备较稀缺。此外，项目谋划刚性约束不足，部分基层政府存在换一任领导、换一批项目的情况，造成储备项目更替频繁、"烂尾"情况突出。

(二）项目谋划的"五个相结合"

项目谋划是项目全生命周期的开端，也是影响项目后续实施顺利与否的重要关口。尤其是在财政靠前发力的大背景下，谋划和储备高质量项目是扩大有效投资政策效果和财政资金使用效率的重要前提。从实践出发，项目谋划要注意"五个相结合"。

一是接天线与接地气相结合。谋划的项目要服务于国家和省级重大战略、重大工程和重大政策。这是国家和省级政策和要素支持的重点和方向。从项目落地的结果导向看，紧密对接重大战略、重大工程和重大行动的项目，在资金申请、土地能耗要素配置等方面更容易获得支持。因此，在项目谋划时，一定要跳出本行政区，以更广的视野看项目，做好与上级重大战略、重大工程和重大政策的有效衔接。同时，谋划项目忌"抄作业"，不能简单照搬或跟随其他地区的项目，而是要发挥地方优势和特色，谋划实施好一批事关地方经济社会发展的战略性、引领性、全局性的重大建设项目。

二是补短板与锻长板相结合。一方面，要聚焦本地关键领域和薄弱环节，参照重要性、紧迫性、外部性、创新性和动态性标准，谋划一批补短板项目，着力优化本地基础设施布局、结构、功能和发展模式。另一方面，在补短板的同时，还要注意锻长板，从持续巩固、放大本地优势的角度出发谋划项目，更好发挥优质项目的牵引、辐射和带动作用，实现锻造长板和补齐短板统筹协调、相互促进。

三是政府引导与激发活力相结合。项目谋划要秉持全生命周期的理念，项目谋划阶段就要前瞻性考虑项目后续的投资、建设、运营等环节的投资主体、资金来源等问题。拟谋划的政府投资项目，应当是市场无法有效配置资源领域的项目，不涉及市场可很好发挥作用的领域。如果拟吸引社会资本投资、建设和运营，在项目谋划阶段就需要考虑如何激发社会资本投资积极性,其核心环节是提高项目的可经营性和可融资性。

四是优存量与谋增量相结合。总体来看,目前我国固定资产投资呈现由增量建设为主转向存量优化提升和增量有序拓展并重的阶段特征。在政策层面,近年来,国家一直在积极鼓励和引导盘活存量资产。地方谋划项目时,不仅仅谋划新建项目,还可以考虑将盘活存量资产回收资金用于新建项目的机制、路径和模式,积极考虑谋划盘活存量与改扩建有机结合的项目,形成存量资产和新增投资的良性循环,实现以存量促进增量、以增量引领存量。

五是政府主观能动性与"外脑"智力支持相结合。限于专业人员配置、项目经验特别是部门职责的限制,行业主管部门谋划跨行业领域、跨区域以及跨前沿技术融合发展的投资项目往往勉为其难、力不从心。建议建立以需求为导向的项目谋划机制,积极向社会公众广泛征集潜在项目需求,聘请专业化的投资咨询机构谋划重大项目,向潜在社会资本方征集重大项目方案,从源头上提高项目的可行性。同时,建立项目谋划及推进会商常态化机制,推动跨地区、跨部门联合提出项目,共同开展项目前期研究论证,加大跨部门协同。此外,要强化项目谋划刚性约束机制,更好发挥重大项目三年滚动投资计划的功能作用,形成项目储备和滚动实施的良性循环,强化约束政府投资的短期行为,使经过充分论证的储备项目一张蓝图绘到底。

第三节　适度超前开展基础设施投资

2021年中央经济工作会议和2022年政府工作报告均提出要"适度超前开展基础设施投资"。如果说保持补短板投资力度是空间上的政策尺度,那么适度超前开展基础设施投资则是时间维度上的政策尺度。

一、"适度超前"是我国基础设施建设发展的实践经验

经过70余年发展,我国各基础设施领域取得了较为丰硕的成果,实现了跨越式发展,在实践探索中逐步形成符合我国国情实际和时代要求的发展经验,其中一项重要经验是坚持适度超前的发展原则[①]。以放眼长远又立足当前的战略视野统筹谋划交通运输发展,是我国交通运输长期秉持的重要准则。早在1954年,周恩来总理曾在第一届全国人民代表大会的政府工作报告中指出,要在我国建设起强大的现代化工业、现代化农业、现代化交通运输业和现代化国防。1982年,党的十二大报告和"六五"计划纲要都明确提出将交通运输、能源发展列为国民经济的战略重点,明确了交通能源优先发展的战略。西部大开发把基础设施建设放在优先位置,《西部大开发"十二五"规划》明确提出要加快构建适度超前、功能配套、安全高效的现代化基础设施体系,完善综合交通运输网络,强化西部地区全国性综合交通枢纽建设,全面加强水利、能源通道和通信等基础设施建设。

改革开放40余年,适度超前布局基础设施,使得我国基础设施滞后于经济社会发展的被动局面彻底得到扭转,总体适应经济社会发展需要,部分领域、部分地区达到国际一流水平,为推动形成优势互补高质量发展的区域经济布局发挥了关键作用。

二、适度超前开展基础设施投资的政策内涵

理解适度超前开展基础设施投资政策内涵,要注意两个关键词:"适度"和"超前"。

---

① 罗国三:《扎实推动基础设施高质量发展》,《中国经贸导刊》2019年第18期。

（一）如何理解超前

一方面，有利于扩大当前需求、应对经济下行压力。近几年，受俄乌冲突、国际贸易争端等对全球供应链安全稳定的冲击不断凸显，本土新冠疫情防控形势严峻等多重因素影响，外需不确定性和消费不稳定性显著增加，要确保实现全年经济增长目标，投资必须发挥更大的作用、承担更多的责任，适度超前开展基础设施建设可以起到扩大内需、稳定预期的"压舱石"作用。

另一方面，从增强长期动能角度看，超前开展基础设施投资也有其必要性。这涉及对我国基础设施现状尤其是效益和需求的评价问题。一些观点认为，我国基础设施已经饱和，再继续加大投资将造成资金浪费、投资效益下降。这样的观点不够全面。评价基础设施的效益，应站在全生命周期的角度，要看综合效益，不能仅仅算经济账。例如，西部大开发将基础设施建设放在优先位置，在欠发达地区前瞻性布局基础设施，事实证明，如果没有基础设施的超前布局，恐怕难以及时形成西部的强大市场基础，区域间产业梯度转移也很难实现。那么，从算综合账的角度看，我国基础设施建设是否有空间？总体看法是，传统基础设施提质升级、新型基础设施融合发展的投资边际效益仍然较高，基础设施的社会效益、生态效益、安全效益依然较突出。从总量来看，我国基础设施存量也是不够的。截至2019年底，我国人均基础设施存量仅相当于发达国家的20%～30%，发展潜力很大。

（二）如何理解适度

既然基础设施投资要算账，必然就有"度"。基础设施投资需求很庞大，但其建设节奏受到项目端和要素端两方面约束。从项目端来看，主要是"项目从哪里来"的问题，涉及项目前期工作、相关审批论证、征地拆迁等开工前准备工作，不能为着急上项目而"未批先建""边建边批"。从要素保障端来看，涉及资金、土地、用能等资源要素的投入，需要做好资源要素的统筹平衡。因此，全面加强基础设施建设，要把握好超前建设的度，不能不顾约束条件、超出能力盲目铺摊子、上项目。

第四章 盘活基础设施存量资产

经过多年投资建设,我国在基础设施领域形成了一大批存量资产。有效盘活存量资产,形成存量资产和新增投资的良性循环,对于提升基础设施运营管理水平、拓宽社会投资渠道、合理扩大有效投资、降低政府债务风险、降低企业负债水平等具有重要意义。

第一节　盘活存量资产支持政策

注重盘活存量资产是党中央、国务院的一贯要求。目前,盘活存量资产支持政策体系已经比较完备,政策效应日益凸显。

一、相关政策体系

在党中央、国务院层面,《国务院关于创新重点领域投融资机制鼓励社会投资的指导意见》(国发〔2014〕60号)明确要求,"鼓励通过PPP方式盘活存量资源,变现资金要用于重点领域建设","政府可采用委托经营或转让—经营—转让(TOT)等方式,将已经建成的市政基础设施项目转交给社会资本运营管理"。作为投融资体制改革的里程碑文件,《中共中央　国务院关于深化投融资体制改革的意见》(中发〔2016〕18号),也明确指出要依托多层次资本市场体系,"盘活存量资产,优化金融资源配置,更好地服务投资兴业"。国务院常务会议多次明确提出,要拿出更多优质资产加以盘活,回收资金继续用于新的基础设施和公用事业建设,实现良性循环。为落实党中央、国务院的一贯要求,有关方面出台了一系列政策文件。归纳起来,主要包括针对具体盘活方式的政策和综合性政策两大类。

(一)针对具体盘活方式的政策

针对基础设施领域优质资产具体盘活方式的政策主要集中在基础设施REITs、资产证券化、PPP模式等方面。

1.基础设施REITs试点相关政策

我国从2020年启动基础设施REITs试点,目前已经初步形成相应的制度框架体系,主要体现在以下五个层面。

(1)试点基本框架。2020年4月,证监会、国家发展改革委联合发布《关于推进基础设施领域不动产投资信托基金(REITs)试点相关工作的通知》(证监发〔2020〕40号),全面阐释了推进基础设施REITs试点的重要意义和基本原则,明确了基础设施REITs试点项目要求和具体工作部署。同时,该文还明确了部门分工,即国家发展改革委负责推荐基础设施项目,证监会负责审核REITs发行。证监发〔2020〕40号文件提出了我国现阶段基础设施REITs试点的基本框架。随着试点的深入推进,未来我国基础设施REITs的基本结构、监管要求、试点范围、具体条件等仍可能会发生变化。

(2)试点项目申报和审核政策文件。2020年7月,国家发展改革委办公厅印发《关于做好基础设施领域不动产投资信托基金(REITs)试点项目申报工作的通知》(发改办投资〔2020〕586号),明确了试点项目的地区和行业范围以及试点项目基本条件。2021年6月,国家发展改革委印发《关于进一步做好基础设施领域不动产投资信托基金(REITs)试点工作的通知》(发改投资〔2021〕958号),进一步细化了项目申报要求，对基础设施REITs的试点范围、资产范围等也有所扩容。发改投资〔2021〕958号文件是目前基础设施REITs试点项目申报推荐等有关工作的主要依据。2022年7月，国家发展改革委发布《关于做好基础设施领域不动产投资信托基金（REITs）新购入项目申报推荐有关工作的通知》（发改办投资〔2022〕617号），鼓励已上市的基础设施REITs通过扩募等方式筹集资金购入优质资产，并对基础设施REITs新购入项目申报要求进行适当简化。

（3）产品基础性规则文件。2020年8月证监会出台的《公开募集基础设施证券投资基金指引（试行）》是基础设施REITs试点的一项重要规则文件，其对产品运作模式、参与主体资质与职责、产品注册、基金份额发售、投资运作、项目管理、信息披露、监督管理等做了规范。

（4）业务规则。沪深交易所依据《公开募集基础设施证券投资基金指引（试行）》分别制定并发布了"1个办法+N个指引"，即公开募集基础设施证券投资基金业务办法和公开募集基础设施证券投资基金业务指引第1号"审核关注事项"、第2号"发售业务"、第3号"新购入基础设施项目"等指引，对基础设施基金份额发售、上市、交易、收购、信息披露、退市等业务规则做了规范。

（5）配套支持政策。包括税收、国有产权转让等专项支持政策。

2. 资产证券化相关政策

2004年，国务院印发《关于推进资本市场改革开放和稳定发展的若干意见》（国发〔2004〕3号），明确提出要积极探索并开发资产证券化品种，正式开启了我国资产证券化市场的大门。正当我国有序推进资产证券化市场试点之时，美国次贷危机爆发，我国资产证券化进入停滞阶段。2012年，我国资产证券化业务重启，并进入快速发展阶段。证监会以建立健全业务监管框架为目的出台了针对企业资产证券化的一系列规范性文件，包括《证券公司资产证券化业务管理规定》《证公司及基金管理公司子公司资产证券化业务管理规定》等。交易所出台了若干自律监管规章制度，内容主要包括资产证券化一般性业务制度和特定资产证券化产品业务规则。中国证券投资基金业协会制定了资产证券化业务相关规则，其中最受关注的是《资产证券化业务基础资产负面清单指引》，其根据基础资产风险状况对可证券化的基础资产范围实施负面清单管理，并根据市场变化情况和实践情况，适时调整负面清单。

除此之外，证监会还与其他政府相关部门联合发文推动发展特定资产证券化产品。一是关于PPP资产证券化。2016年12月，国家发展改革委、证监会联合印发了《关于推进传统基础设施领域政府和社会资本合作（PPP）项目资产证券化相关工作的通知》（发改投资〔2016〕2698号）。2017年6月，财政部、人民银行和证监会联合印发了《关于规范开展政府和社会资本合作项目资产证券化有关事宜的通知》（财金〔2017〕55号）。两份文件明确了PPP项目资产证券化的发起人（原始权益人）和基础资产类别、PPP项目筛选程序、审核程序、风险管理和监管等有关事宜。二是关于住房租赁资产证券化。2018年，证监会、住房城乡建设部联合印发《关于推进住房租赁资产证券化相关工作的通知》，明确了开展住房租赁资产证券化的基本条件、政策优先支持领域、资产证券化开展程序以及资产价值评估方法等。

3. 运用PPP模式盘活存量资产的相关政策

2017年，国家发展改革委印发《关于加快运用PPP模式盘活基础设施存量资产有关工作的通知》（发改投资〔2017〕1266号），指导地方加快运用PPP模式、规范有序盘活基础设施存量资产，形成投资良性循环。这是第一份系统阐述运用PPP模式盘活存量资产的专项政策文件。

同时，其他政策文件也经常将运用PPP模式作为盘活存量资产的重要举措。例如，近年来，为激发民间投资活力，党中央、国务院及相关部门出台了一系列有针对性的政策措施，其中鼓励民营企业运用PPP模式盘活存量资产是重要举措之一。《国务院办公厅关于进一步激发民间有效投资活力促进经济持续健康发展的指导意见》（国办发〔2017〕79号）明确提出，"积极采取多种PPP运作方式，规范有序盘活存量资产，丰富民营企业投资机会，回收的资金主要用于补短板项目建设，形成新的优质资产，实现投资良性循环"。《国家发展改革委关于鼓励民间资本参与政府和社会资本合作（PPP）项目的指导意见》（发改投资〔2017〕2059号）进一步根据适宜采取PPP模式的存量项目、已经采取PPP模式的存量项目、在建的政府投资项目等不同项目类型，分别明确了民间资本参与路径。

（二）综合性政策

2022年5月，国务院办公厅出台《关于进一步盘活存量资产扩大有效投资的意见》（国办发〔2022〕19号），首次在国务院层面从盘活方向、盘活方式、政策支持、回收资金使用、风险防控等方面系统阐述了盘活存量资产的工作要求。国办发〔2022〕19号文件提出盘活存量资产要聚焦重点领域、重点区域、重点企业三个重点方向（见表4-1）。

表4-1 盘活存量资产重点方向

	重点方向
重点领域	1.交通、水利、清洁能源、保障性租赁住房、水电气热等市政设施、生态环保、产业园区、仓储物流、旅游、新型基础设施等存量规模较大、当前收益较好或增长潜力较大的基础设施项目资产；2.综合交通枢纽改造、工业企业退城进园等盘活存量和改扩建有机结合的项目资产；3.长期闲置但具有较大开发利用价值的项目资产，包括老旧厂房、文化体育场馆和闲置土地等，以及国有企业开办的酒店、餐饮、疗养院等非主业资产

续表

	重点方向
重点区域	1.建设任务重、投资需求强、存量规模大、资产质量好的地区；2.地方政府债务率较高、财政收支平衡压力较大的地区；3.围绕落实区域重大战略以及推动海南自由贸易港建设等
重点企业	1.基础设施存量资产多、建设任务重、负债率较高的国有企业；2.鼓励民营企业根据实际情况，参与盘活国有存量资产，积极盘活自身存量资产

国办发〔2022〕19号文件对我国近年来盘活存量资产工作做出了肯定和总结，该文件提出的存量资产盘活方式、回收资金使用要求等诸多政策要求在此前散落在各部委出台的政策文件中。以国办名义印发盘活存量资产专门文件，将促进部门间协调，形成政策合力。与推进新建项目相比，盘活存量资产的难度要大得多，往往涉及财政、自然资源、住房城乡建设、人民银行、国资监管、税务、银保监、证监等诸多部门，部门间协调事项多、协调难度也大。为此，国办发〔2022〕19号文件特别要求部委层面和各地区要建立协调机制，加强信息沟通和政策衔接，协调解决共性问题，统筹推动盘活存量资产工作。

二、盘活存量资产的政策导向

自国发〔2014〕60号文件提出盘活存量资产政策以来，政策导向清晰指向形成盘活存量资产和新增投资的良性循环，但该政策目标的实现程度受到多个变量的影响甚至干扰。

（一）盘活存量资产政策的多维目标

盘活存量资产不是孤立的行为，而是要与新增投资有机结合，盘活存量资产是手段和方式,将盘活回收资金继续用于新的基础设施建设,扩大有效投资才是盘活存量资产政策的主要目标导向。

在当前形势下,稳投资对稳增长发挥着关键作用。稳投资的主要约束是资金要素保障问题,这在基础设施投资领域表现得尤为突出。随着许多地方财政收入增速放缓、融资平台公司被要求剥离政府融资职能,地方基础设施投资面临着较大的资金来源压力。通过盘活存量资产回收资金,为基础设施项目建设提供了新的资金来源,提高了地方政府投资能力。基础设施项目建设资金筹措难的核心是项目资本金落实难。为解决该问题,地方曾流行依托结构化产品筹措基础设施项目资本金的做法。实施资管新规后,各种错综复杂的项目资本金结构化融资工具和通道被限制,基础设施项目资本金出现很大缺口。2019年11月,以国务院名义印发的《关于加强固定资产投资项目资本金管理的通知》(国发〔2019〕26号)提出,对基础设施领域和其他国家鼓励发展的行业,鼓励项目法人和项目投资方通过发行权益型、股权类金融工具,多渠道规范筹措投资项目资本金。这就又涉及回收资金的属性问题。存量资产盘活方式很多,从扩大有效投资、补充项目资本金的政策导向看,更鼓励采用能回收权益资金的盘活方式。这在我国当前重点推行的基础设施REITs试点政策也有所体现。国外实践来看,REITs产品有权益型、抵押型以及混合型等多种类型,但出于解决基础设施投融资问题的政策需求考虑,我国正在推行的基础设施REITs试点政策强调要坚持权益导向,现阶段仅试点发展权益型REITs工具,发展其他类型的REITs产品还没有那么急迫,必要性也不大。

当然,某项政策工具的目标往往不是单一的,盘活存量资产政策也是如此。除扩大有效投资外,去杠杆也是政策考量之一。存量资产的形成需要付出成本,前期投资和后期运营均需要大量的资金投入,承担这些基础设施建设的各类市场主体,包括地方政府、融资平台公司,以及近几年以PPP方式参与到基础设施建设的各类社会资本,形成了大量的债务，杠杆率高企。回收资金可用于偿还存量项目的债务，或者在转让存量资产时将债务一并转让给社会资本方，在一定程度上可以减轻地方政府债务负担。从企业角度看，基础设施存量资产多、负债率较高的国有企业，通过盘活存量资产可以降低杠杆、防范债务风险、优化资产结构。

盘活存量资产政策的另一个考量是提升基础设施项目运营质量。长期以来，基础设施市场化程度相对偏低，管理比较粗放、效率不高，很多项目基础设施运营质量不高。如果通过基础设施REITs试点，吸引更专业的市场机构参与基础设施项目管理和运营，有利于用市场化方式提高底层资产运营管理效率。在存量基础设施领域推广PPP模式，还能为具有较强运营管理经验和能力的社会资本提供更多的参与机会，从而激励专业运营商充分利用自身专业技术和能力优势，提高运营效率和质量。

（二）影响盘活存量资产政策效果的多重变量

盘活存量资产政策效果大小受多个变量的影响。一是实际可盘活的存量资产规模。根据国家统计局数据简单匡算，2003年至2021年，累计完成的基础设施（含电力、热力、燃气及水生产和供应业）投资额超过130万亿元。根据《国务院关于2018年度国有资产管理情况的综合报告》，地方国有企业资产总额达到129.6万亿元。上述统计数据还只是成本，如果进行价值重估，存量资产规模会更大。然而，并非所有存量资产都具备盘活条件，收益较好或增长潜力较大的基础设施项目资产更适合盘活。那么，这类优质存量资产规模占比多高？目前暂未有统计数据，还有待全面梳理存量资产情况并从中筛选出具备盘活条件的资产。二是可用于新建项目的回收资金规模。很多存量资产是通过举债形成的，回收资金要优先用于债务偿还。此外，按规定回收资金还将用于职工安置、税费缴纳等支出。在债务率较高、财政收支平衡压力较大的地区，盘活存量公共资产回收的资金还可以适当用于"三保"支出及债务还本付息。

扣除上述支出外，剩余的回收资金规模将在很大程度上决定盘活存量资产对扩大有效投资的支持作用。三是对回收资金投向项目建设的约束力。回收资金使用监管是确保形成投资良性循环的关键环节。目前，将剩余的回收资金投向项目建设过程尚缺乏强有力的约束手段，主要依赖有关部门对盘活存量资产回收资金使用情况进行跟踪监督和定期调度。

第二节　典型的存量资产盘活方式

盘活存量资产的方式主要包括发行基础设施领域REITs、PPP模式、资产证券化等。不同盘活方式的特点和适用条件有所差异，原始权益人要根据地方实际情况、存量资产项目特点和存量资产盘活目的等因素，选择适宜的盘活方式。

一、通过发行基础设施领域REITs盘活存量资产

REITs是指以发行权益凭证的方式募集资金，交由专业投资机构进行不动产投资经营管理，并将投资收益及时分配给投资者的一种投资基金。长期以来，REITs主要投资于房地产及相关行业的标的资产。近年来，随着REITs市场的不断发展，REITs基础资产范围不断扩展，美国、印度等国家开始将REITs基础资产拓展至仓储物流、通信塔、数据中心等基础设施领域，目前基础设施REITs已是国际通行的配置资产。我国从2020年开始推行基础设施REITs试点，截至2022年9月底，累计募资规模超过360亿元。基础设施REITs因其流动性较高、收益相对稳定、安全性较强等特点，正成为有效盘活存量资产的重要方式，也是稳投资、补短板的有效政策工具。

（一）基础设施REITs产品的基础资产范围

基础设施REITs是以基础设施为基础资产的REITs产品。在不同国家或地区，基础设施REITs基础资产范围不完全相同。例如，美国基础设施REITs市值规模是最大的，约占全球所有基础设施REITs的70%以上[1]，其可投资的对象包括铁路、输变电系统、光纤电缆、无线基础设施、通信铁塔、能源管道等。新加坡是较早发展REITs市场的亚洲国家，目前已上市的基础设施REITs基础资产包括发电厂、天然气、电缆、数据中心、水处理化学品、废物燃烧厂、污水处理厂、海水淡化厂、港口码头等。

我国基础设施REITs正处于试点阶段，资产范围还未完全定型。根据《国家发展改革委关于进一步做好基础设施领域不动产投资信托基金（REITs）试点工作的通知》（发改投资〔2021〕958号），目前纳入试点的资产范围包括9个方面（见表4-2）。随着我国现代化基础设施体系不断完善、基础设施REITs市场深入发展，预计纳入试点的资产范围将逐步扩展。

表4-2 我国基础设施REITs试点资产范围

序号	行业领域	具体范围
1	交通基础设施	收费公路、铁路、机场、港口项目
2	能源基础设施	风电、光伏发电、水力发电、天然气发电、生物质发电、核电等清洁能源项目，特高压输电项目，增量配电网、微电网、充电基础设施项目，分布式冷热电项目
3	市政基础设施	城镇供水、供电、供气、供热项目，以及停车场项目
4	生态环保基础设施	城镇污水垃圾处理及资源化利用环境基础设施、固废危废医废处理环境基础设施、大宗固体废弃物综合利用基础设施项目

---

[1] 韩志峰、张峥等：《REITs：中国道路》，人民出版社，2021年6月版。

续表

序号	行业领域	具体范围
5	仓储物流基础设施	面向社会提供物品储存服务并收取费用的仓库,包括通用仓库以及冷库等专业仓库
6	园区基础设施	位于自由贸易试验区、国家级新区、国家级与省级开发区、战略性新兴产业集群的研发平台、工业厂房、创业孵化器、产业加速器、产业发展服务平台等园区基础设施。其中,国家级与省级开发区以《中国开发区审核公告目录(2018年版)》发布名单为准,战略性新兴产业集群以国家发展改革委公布名单为准
7	新型基础设施	数据中心类、人工智能项目,5G、通信铁塔、物联网、工业互联网、宽带网络、有线电视网络项目,智能交通、智慧能源、智慧城市项目
8	保障性租赁住房	各直辖市及人口净流入大城市的保障性租赁住房项目
9	其他基础设施领域	具有供水、发电等功能的水利设施;自然文化遗产、国家AAAAA级旅游景区等具有较好收益的旅游基础设施,其中自然文化遗产以《世界遗产名录》为准

(二)基础设施REITs产品结构

国际市场上REITs产品的结构设计,既有单层结构(公募REITs直接持有股权),也有双层结构(即包括公募REITs和伞形合伙组织(OP)两层)。在我国现有法律法规和金融市场体系下,借鉴海外实践,我国发展基础设施REITs可以考虑通过公募基金持有基础设施项目公司股权和"公募基金+ABS(资产支持证券)"两种模式。

通过公募基金持有基础设施项目公司股权的结构设计需要突破现行法律法规。根据《证券投资基金法》规定,公募基金财产不能直接投资非上市公司股权、基础设施资产。此外,还面临《公开募集证券投资基金运作管理办法》规定的"双十限定",即一只基金持有一家公司发行的证券，其市值不得超过基金资产净值的10%，同一基金管理人管理的全部基金持有一家公司发行的证券，不得超过该证券的10%。

"公募基金+ABS"模式下，公募基金并非直接持有基础设施项目公司股权，而是投资于ABS，通过ABS实现对基础设施项目资产的拥有或控制。根据ABS和项目公司之间是否嵌入一层私募基金，"公募基金+ABS"模式可进一步分成两种形式。一是ABS直接持有项目公司股权，二是先设立基础设施私募基金，收购基础设施项目股权，然后将私募基金份额证券化，形成单一基础设施资产支持证券，公募基金REITs购买基础设施支持证券。目前我国正在开展的基础设施REITs试点采用了"公募基金+ABS"模式（不含私募基金层级）（见图4-1）。相比之下，试点所采用的模式是我国现行制度框架下突破难度最小、实现尽快推出REITs产品目的的最优选择。同时，该模式还充分保留了国内类REITs产品在交易结构设计方面的成功经验。

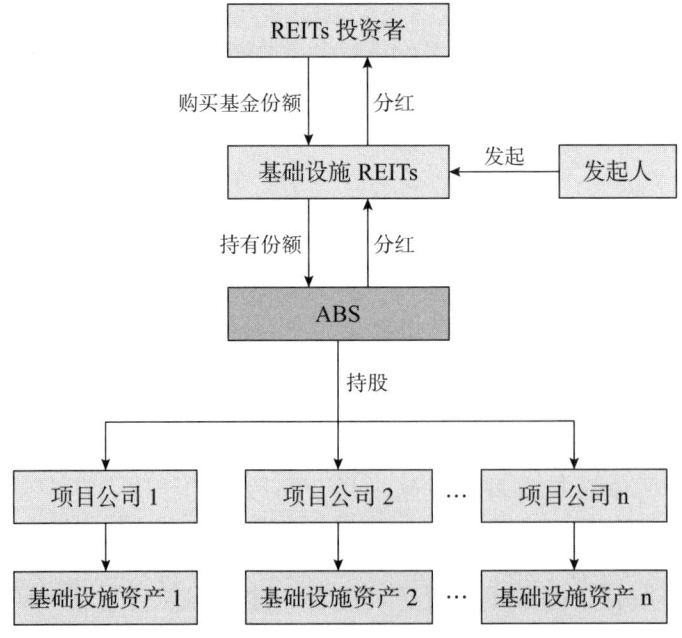

图4-1 基础设施REITs的"公募基金+ABS"模式

（三）基础设施REITs基础资产的选择

自2020年开展基础设施REITs试点以来，各地试点项目申报积极性高涨。基础资产质量是基础设施REITs产品的基石，对基础设施REITs市场长期健康发展至关重要。基础资产质量也是REITs产品投资价值的来源，基础设施REITs作为一种金融产品，有合理的投资回报预期，方能获得投资者认可并成功发行。因此，各地在筛选和储备基础设施REITs试点项目时要注重基础资产质量，尤其是基础设施资产的合法合规性及其运营情况。

1. 基础设施资产的合法合规性

合法合规性是基础设施资产长期稳定运营的前提，也是基础设施REITs的价值基础。基础设施资产合法合规性的分析维度很多，其中基础设施项目投资管理程序是否合法合规、资产权属和经营权利是否合规完整、项目转让是否合法合规最为关键。

基础设施项目涉及固定资产投资，需履行固定资产投资管理相关手续。根据《政府投资条例》《企业投资项目核准和备案管理条例》等有关规定，固定资产投资项目在投资建设过程中要履行项目审批、核准或备案手续，规划、用地、环评、施工许可、竣工验收手续，以及其他依据相关法律法规必须办理的重要许可手续。上述手续如果未办理或不合规，基础设施项目可能存在被主管部门责令限期整改甚至停止建设和运营的风险，给后续的基础设施REITs带来极大的合规风险。

根据权属属性，可将我国权属比较复杂的基础设施项目分为两大类[①]。产业园、仓储物流、数据中心等基础设施项目基于资产所有权而取得租金收入、经营收入，对于这一类因资产所有权而取得收入的基础设

---

① 韩志峰、张峥等：《REITs：中国道路》，人民出版社，2021年6月版。

施项目,要关注原始权益人所有的项目公司对基础设施资产权属的完整性。然而,很多情况下,原始权益人不一定拥有基础设施资产所有权,而仅仅拥有特许经营权或运营收费权,例如,高速公路、城镇生活垃圾处理、城镇供水等项目。对于此类基于特许经营权或经政府部门批准的收费权而取得经营收入的项目,主要关注特许经营手续的完备性、经营权独占性、合法使用土地的证明文件等。基础设施REITs试点考虑实际情况,将特许经营权、运营收费权列入权属范围。

发行基础设施REITs需将投资和运营基础设施项目的项目公司股权或项目资产产权转让给基础设施REITs下设的特殊目的载体,相应导致项目公司股权、特许经营权、资产产权的权利主体发生变更。由于基础设施项目关乎公共利益,且涉及股东、贷款银行等多方利益相关者,其权利主体发生变更可能会影响利益相关方的权利或者触发土地管理、国有资产管理、行业管理等有关法律法规规定的限定条件,因此权利主体变更往往受到诸多限制,例如特许经营权转让限制、收费权益转让限制、划拨土地转让限制、国有产权转让限制等。发行基础设施REITs的项目权属应当满足可转让的条件,如有关法律法规或政策文件或政企双方签署的合同协议对权属转让没有限定条件,或限定条件可以解除或满足;没有抵质押等权利限定,或者限定条件可以解除等。

2.基础设施资产的运营情况

基础资产的经营现金流是REITs产品存续期间收益分配的资金来源,因此基础设施资产的运营情况对基础设施REITs市场表现至关重要。从美国、印度、新加坡、澳大利亚等其他国家基础设施REITs市场情况看,基础设施REITs产品的基础资产具有两个突出特征:一是具备稳定现金流的褐地项目。绿地项目在项目开发和建设阶段面临较大风险,而基础设施在建成运营后,开发建设风险基本释放,现金流大小可预期且相对稳定。二是使用者付费模式。美国基础设施REITs、印度InvITs、新加坡基础设施REITs、澳大利亚REITs的基础资产基本上都处于具有良好收费机制的领域，如拥有收费权的高速公路和机场港口、可用于经营性租赁的通信设施等，这些资产通常具有成熟的经营模式，可以产生稳定的现金流，有些还具有良好的收益增长潜力。

我国对基础设施REITs试点申报项目明确了稳定运营的基本条件，具体包括：（1）项目运营时间原则上不低于3年。对已能够实现长期稳定收益的项目，可适当降低运营年限要求。（2）项目现金流投资回报良好，近3年内总体保持盈利或经营性净现金流为正。（3）项目收益持续稳定且来源合理分散，直接或穿透后来源于多个现金流提供方。因商业模式或者经营业态等原因，现金流提供方较少的，重要现金流提供方应当资质优良，财务情况稳健。（4）预计未来3年净现金流分派率（预计年度可分配现金流/目标不动产评估净值）原则上不低于4%。

二、通过资产证券化方式盘活存量资产

资产证券化是指以缺乏流动性但具有未来稳定现金流的财产或财产权作为基础资产，通过结构化金融技术，将其转变为可以在资本市场上流通和转让的证券[1]。根据该定义，资产证券化通常具有以下三个典型特征：一是资产证券化依托的是特定资产或资产组合产生的现金流，这种现金流在未来一段时间内是稳定可测的；二是资产证券化的信用基础是能产生现金流的资产或资产收益权本身，而不是发起人的主体信用；三是资产证券化通过SPV，实现发起人自身资产与证券化依托的基础资产的隔离，从而降低发起人破产对基础资产的负面影响。

---

[1] 林华：《中国资产证券化操作手册》，中信出版社，2016年6月版。

从本质上看，REITs也是一种资产证券化产品，但标准化REITs产品具有的权益融资属性、强制分红、主动管理等特点，使其不同于一般的资产证券化产品。此处重点阐述通过REITs以外的资产证券化方式盘活存量资产。

（一）资产证券化在我国的发展现状

目前，我国资产证券化产品包括三类：（1）由人民银行和银保监会监管，在银行间债券市场流通转让的信贷资产证券化（简称"信贷ABS"）；（2）由证监会监管，在上交所、深交所和机构间私募产品报价与服务系统流通转让的企业资产证券化（简称"企业ABS"）；（3）由中国银行间市场交易商协会监管，并在银行间债券市场流通转让的资产支持票据（简称"ABN"）。统计数据显示，截至2021年底，我国资产证券化市场累计发行8300单ABS产品，累计发行规模13.8万亿元，其中信贷ABS累计发行5.4万亿元，占发行总规模的39.1%；企业ABS累计发行6.7万亿元，占发行总规模的48.6%；ABN累计发行1.7万亿元，占发行总规模的12.3%[①]。

PPP项目资产证券化是将PPP项目资产进行"证券化"的一种金融产品形态。2017年初，首批PPP资产证券化产品发行成功，PPP资产证券化工作取得阶段性成果。截至2022年9月底，已经发行38单，累计发行金额382.97亿元[②]。

（二）资产证券化的功能

对金融功能的需求是资产证券化产品不断创新和发展的主要动力。

---

① 有关数据引自CNABS发布的《2021年度中国资产证券化市场统计报告》。
② 根据CNABS披露的数据统计。

具体而言，资产证券化一般具有以下两方面基本功能①：一是增加流动性。美国是资产证券化的发源地，也是全球最大、最发达的证券化市场，其早期的资产证券化创新主要是基于"增加流动性"的考虑。20世纪70年代后，美国联邦政府支持机构从储贷协会购买大量住房抵押贷款，再发行以这些住房抵押贷款为基础资产的资产支持证券为储贷协会融资，以缓解后者面临的流动性不足和收益率错配问题②。二是实现风险转移。资产证券化可以通过特定的技术，帮助金融机构实现最优风险配置。从具体路径看，传统型证券化更多通过资产的出售或转让来转移风险，合成型资产证券化并不发生资产的实际转移，而是通过运用信用衍生工具（主要是信用违约互换和信用关联票据等），将风险从发起机构转移出去。

PPP项目资产证券化作为一种特殊的资产证券化产品形态，具备一般资产证券化产品的基本功能。同时，由于PPP项目基础资产的独特性，PPP资产证券化也可以实现特定功能。

1. 拓宽PPP项目融资渠道

本质上，PPP项目融资属于主要以项目收益为基础的有限追索融资，而非依赖社会资本主体信用的融资。然而，在我国PPP项目融资实践中，金融机构出于规避风险的考虑，往往要求申请贷款的PPP项目公司或社会资本方提供各种担保或其他增信措施。这不仅增加了项目融资成本，也大大提高了一大批没有能力或不愿提供担保的民营企业的融资门槛。资产证券化的信用基础是能产生现金流的资产或资产收益权本身，而不是发起人的主体信用，将资产证券化应用于PPP项目融资，将

---

① 除此之外，还有监管套利等其他功能。相比而言，增加流动性和风险转移是最基本的功能。只有满足基本功能，监管套利等其他功能才能顺利实现。
② 邹晓梅、张明、高蓓：《美国资产证券化的实践：起因、类型、问题与启示》，《国际金融研究》2014年第12期。

有助于破解PPP项目融资难题。同时，在设计PPP项目资产证券化产品时，通过结构化设计[①]等技术，并配合使用增信措施，达到降低融资成本的目的。

2. 提高PPP项目资产流动性

PPP项目运营期限很长，存续期间，社会资本因为业务转型等种种原因，很可能出现提前退出的需求。然而，目前PPP项目社会资本的退出渠道较为狭窄，资产流动性不足，影响了社会资本参与PPP项目的积极性。因此，需要依托资本市场，丰富PPP项目投资退出渠道。资产证券化是目前为数不多又相对可行的社会资本退出机制。资产证券化将提高PPP项目资产流动性，为社会资本方增加资金退出渠道，缩短退出时间，提高资金周转率，增加PPP项目对社会资本的吸引力，尤其是对民间资本的吸引力。

3. 实现PPP项目规范管理

资本市场对各类信息的反应较为敏感、直观，资本市场的投资人较行业投资人对PPP项目风险的判断和把握更为谨慎、理性，更为关注PPP项目能否产生持续、稳定的现金流，以及原始权益人的信用记录和项目履约能力。PPP项目资产证券化需要经过资信评级机构评级、管理人的尽职调查、律师出具法律意见书、交易所的挂牌审核、基金业协会的备案等系列流程，那些管理不规范、质量不过关、运营不理想的项目难以发行证券化产品。因此，资本市场的力量亦将倒逼PPP项目参与主体规范运作PPP项目，提升PPP项目的整体质量[②]。

融资不是PPP项目的全部，但始终是第一要务。上述三项功能中，

[①] 将资产证券化产品做结构化设计时，通常分为优先和劣后两级，部分还可以增加中间级，通过合理匹配风险收益，再加上增信措施等提升信用评级，实现降低融资成本的目的。

[②] 《发改委：第二批PPP资产证券化将启动》，《财经》2017年4月20日。

拓宽融资渠道、增加融资可得性是PPP资产证券化的首要功能，其他两项功能服从于该首要功能。原因主要有两方面。

一方面，PPP资产证券化增加流动性功能的主要目的仍然是增加融资可得性。资产证券化确实为PPP项目退出提供了一种渠道，但社会资本方退出的是资金，而非股权。在PPP项目资产证券化中，社会资本方必须履行PPP合同规定的各项承诺和义务，不能借资产证券化向外转移项目运营责任。因此，增加流动性必然以增加PPP项目融资可得性为主要考量。对于有合格基础资产的PPP项目，通过资产证券化，盘活存量资产，将原本只能在一级市场上交易的资产在二级市场流通，提高其流动性，有效拓宽PPP项目的融资渠道，破解项目融资难题。

另一方面，实现PPP项目规范管理功能的关键环节是资产证券化能满足PPP项目融资需求，进而形成倒逼机制。如果PPP资产证券化难以让参与方以更低的成本获得融资资金，原始权益人就没有在市场上发行资产证券化产品的积极性，如此，让管理不规范、质量不过关、运营不理想的项目难以发行证券化产品，进而倒逼PPP项目参与主体规范运作PPP项目的作用机制就失效了。

市场参与主体能否从资产证券化中获益，决定了市场各方的参与热情，以及PPP项目资产证券化能否大规模推广落地。对于原始权益人而言，只有资产证券化能够帮助其实现以更低成本融资置换高成本融资、降低PPP项目整体融资成本的目的，才有足够动力去发行PPP项目资产证券化产品。目前，商业银行贷款是PPP项目的主要资金来源，这意味着PPP资产证券化融资成本必须低于银行贷款成本，才能持续激发PPP资产证券化的市场热情。

（三）基础资产质量是实现资产证券化功能的关键

基础资产是资产证券化的核心，基础资产的风险直接反映了资产证券化产品的风险，而风险大小也将直接影响发行资产证券化的融资成本。在资产证券化的法律制度层面，包括真实销售、破产隔离，以及有限追索制度的设计，其核心就在于将证券化基础资产的风险控制在有限范围内。因此，基础资产选择是实现资产证券化功能的关键。目前，监管部门对不同类型资产证券化的基础资产作了一系列规定，例如，证监会对资产证券化基础资产作了非常细致的规定，列举了相关的基础资产负面清单。PPP项目资产证券化作为一种特殊的资产证券化，其基础资产同样应当符合相应法律法规和政策规定。

一是基础资产可以产生独立、可预测的现金流且可特定化。华尔街名言"如果你有稳定的现金流，就将它证券化"揭示了资产证券化的基本特征。基础资产可以是单项财产权利或者财产，也可以是多项财产权利或者财产构成的资产组合，但无论是哪一种基础资产或资产组合，都要求能够产生持续、稳定的现金流。由于基础资产产生的现金流是资产证券化产品存续期间收益分配的资金来源，因此，能产生独立、可预测的现金流应是资产证券化产品发行的基础。具体而言，有两方面要求：一方面是现金流的独立性，即基础资产自身能独立产生现金流，如果基础资产的全部现金流或绝大部分现金流来自其他资产，则该部分资产就丧失了作为基础资产的价值。另一方面，现金流必须是可预测的，即应该有一个稳定的收入来源或法律关系来保障基础资产能获得一个可预测的现金流。如果针对PPP项目存量资产开展资产证券化，通常会要求存量资产已经历一定的运营年限、现金流历史记录良好。发改投资〔2016〕2698号文件明确提出将"项目已建成并正常运营2年以上"作为开展资产证券化融资的PPP项目筛选条件，从表面上看该条件限定的是运营年限，但本质上仍然是对基础资产的现金流要求。

二是基础资产权属要明确。基础资产未来现金流的证券化，是建立在基础资产权属明确的基础之上。这里的权属明确是指基础资产的财产权利或财产应由原始权益人合法享有，不存在权属争议。同时，基础资产不得附带抵押、质押等担保负担或者其他权利限制，或通过相关安排，在原始权益人向SPV转移基础资产时能够解除相关担保负担和其他权利限制。

三、运用PPP模式盘活存量资产

运用PPP模式盘活存量资产，既是落实党中央、国务院关于盘活存量资产的一贯要求，也是规范有序推进PPP模式的现实需要。据统计，截至2021年12月，我国已实施PPP项目中大约89%为新建项目，存量项目很少[①]。在存量基础设施领域加大PPP模式推广力度，既优化了PPP项目结构，填补了PPP发展短板，也拓宽了PPP的发展空间，有利于提高基础设施运营效率、吸引民间资本进入基础设施领域、增加民营企业投资机会。

由于各地实际情况不同，项目具体特点也千差万别，存量资产引入PPP模式要因地制宜、分类实施，根据各地实际情况和项目特点，分别采取转让—运营—移交（TOT）、改建—运营—移交（ROT）、转让—拥有—运营（TOO）、O&M等不同的实施方式。对已经采取PPP模式且政府方在项目公司中占有股份的存量基础设施项目，可通过股权转让等方式加以盘活。尽管上述不同实施方式的操作环节不完全相同，但一些关键要点基本相似。

（一）遴选存量资产

这主要是回答什么样的项目适合引入PPP模式进行盘活。尽管存量

---

① 根据Wind数据库披露的统计数据测算。

资产引入PPP模式不涉及新建项目的报批报建等前期工作，但项目遴选同样至关重要，对存量资产引入PPP项目的可行性和可操作性具有重要影响。较为适合引入PPP模式的存量资产通常具备以下典型特征：一是项目成熟稳定，即合作边界范围和合作条件明确、具有成熟和清晰的经营模式及持续运营能力；二是回报良好，即具有稳定、持续的收益及现金流，并具有良好的增长潜力；三是权属清晰、手续合规，即拟引入PPP模式盘活的存量资产项目应具有清晰权属，依法合规拥有项目所有权、特许经营权或运营收费权，且法律法规明确规定应履行的审批（或核准、备案）、用地、环评等手续均已按规定的程序和标准履行。

存量资产引入PPP模式进行盘活是一个系统工程，需要严格论证必要性和可行性，不宜一哄而上。建议各地统筹协调推进存量资产PPP工作，认真甄别和筛选基础设施领域适合采用PPP模式盘活的存量资产，并区别不同行业领域分析存量资产引入PPP模式的轻重缓急，对相关存量资产进行梳理和排序。

（二）界定存量项目范围

存量项目范围是政府与社会资本合作的边界范围，关系拟转让的项目所有权、特许经营权或运营收费权的价值评估及项目回报来源。各地要根据实际情况、项目特点及有关法律法规明确的转让条件，明确纳入PPP项目合作范围的存量资产。在确定项目范围时，为提高项目整体回报水平，激发社会资本参与投资的积极性，可以采取收益高的存量资产和收益低的存量资产组合、有关联的多个存量资产捆绑打包、存量资产与新建项目打包等多种组合模式。

（三）编制存量PPP项目实施方案

PPP项目实施方案是PPP项目操作过程中的核心，包括项目概况、运作方式、社会资本遴选方案、投融资方案、建设运营和移交方案、合同结构与主要内容、风险分担、保障与监管措施等关键内容。与新建项目相比，存量项目开展PPP模式时编制的项目实施方案有一些特殊内容要求。

（1）梳理存量项目概况，特别是要收集和整理存量公共资产建设、运营维护的历史资料，调查分析存量资产的运营维护状况、资产负债情况和财务效益状况，梳理现有职工人数及工资福利、社保缴纳等情况。

（2）存量项目资产或经营权的公允价值评估与转让。存量PPP项目评估范围取决于根据项目实施方案等确定的交易范围，由委托的第三方资产评估机构根据评估对象、价值类型、资料收集情况等相关条件，分析各种资产评估方法的适用性，恰当选择评估方法，形成合理评估结论。存量项目PPP运作涉及国有资产转让的，要在项目前期准备阶段即做好与当地国资管理部门、上级主管部门沟通，确认转让的具体程序，并且按照规定的程序完成国资转让的审批、评估、进场交易的程序，以确保能顺利推进存量资产PPP运作，避免因转让程序合规性问题被认定合同无效，或陷入项目纠纷。

实操中，存量资产转让环节涉及转让价款确定问题。存量资产保值增值的基本前提是其转让价款不得低于项目实施方案或专门的资产评估报告中确定的公允价值，在此前提下，存量资产转让价款的确定不宜一味追求存量资产转让溢价，而需要综合考虑政府方资产盘活需求、未来财政负担、项目未来现金流情况等多方面因素，既充分反映国有资产公允价值、保证国有资产不流失又能有效调动社会资本积极性。若溢价超出合理水平，为满足项目投资回报预期，则势必导致在PPP项目合作期内公共服务价格水平出现大幅提高，公众负担增加，或者政府可行性缺口补助水平增加，政府负担加重。

（3）职工安置或补偿方案。存量项目引入PPP模式往往涉及职工安置问题，而保障现有职工利益也是存量PPP项目顺利运作的关键。因此，存量PPP项目实施方案要对此问题进行深入研究分析，并在对职工安置或补偿的不同方案进行比选的基础上，提出可行、可操作的方案及举措，包括既有职工的留用比例、转岗或提前退休等的比例及其社保资金来源、补偿等。以凯里市城镇供排水PPP项目[①]为例，项目实施方案对职工安置问题进行了研究，且安置方案由凯里市自来水公司职工代表大会审议通过。

（4）存量债务债权处置方案。存量资产原始权益人就基础设施项目进行融资时与金融机构签署的有关贷款合同、资产抵押、收费收益权质押等文件可能约定未经债权人同意不得转让或处分项目合同项下的权利。为此，需要分析梳理相关权利限定以及可满足或解除的条件，并在项目实施方案中对存量债务处置提供切实可行的方案。如果债务随资产所有权或经营权一并转让，可以由新成立的项目公司（或中选社会资本方）、债权人、政府方等有关权利主体签署权益重组协议，将基础设施资产及其附带的债务转移到项目公司。如果存量债务还款责任仍由原始权益人承担，那么盘活存量资产回收资金可优先用于偿还债务。

第三节　盘活存量资产面临的若干难点

近年来，我国研究制定了盘活存量资产的有力有效措施，积极引导和鼓励规范有序盘活存量资产，成效显著。然而实践中，盘活基础设施

[①]　韩志峰：《中国政府和社会资本合作（PPP）项目典型案例》，中国计划出版社，2018年2月版。

等存量资产存在一些难点。

一、原始权益人盘活存量资产的积极性还不高

很多地方政府部门及其所属单位往往不愿拿出优质存量资产项目予以盘活，而愿意出让的存量资产项目，其收益水平往往不高，社会资本得不到合理回报，不具备盘活条件。造成这种现象的主要原因大致有两点[①]。一方面，盘活存量资产不容易出政绩，且复杂性更高。若不考虑回收资金用于新项目，盘活存量资产往往对新增投资贡献较小。同时，盘活存量资产项目的相关交易结构涉及多个部门及行业主管部门的职责和工作，协调难度大，而且作为国有资产出资人代表的政府有关部门往往承担着"怕说不清"的风险，尤其是在受让方为民营企业时，更容易被质疑存在国有资产流失甚至利益输送。相比较而言，新建项目容易体现新增固定资产投资、地区生产总值等直观政绩，地方政府及各相关部门更愿意协调、投入资源。

另一方面，存量优质资产往往有着盘根错节的利益环节，既有当地政府的现实利益考量，又有地方国有企事业单位的深度介入。例如，对于城镇供水、污水处理厂、供暖等已稳定运行且具有良好现金流的项目，社会资本有兴趣参与投资，但地方政府或者已形成垄断地位的国有企事业单位未必愿意加以盘活。此外，还有一个现实问题，拥有优质资产的国有企业同时承担着大量非经营性项目的投资建设任务，还要指望优质项目现金流来平衡整体收益，也就是肥瘦搭配，以丰补歉。

---

① 引自国家发展改革委投资研究所课题组《运用 PPP 模式盘活存量资产研究》（2018年12月），执笔人：吴亚平、吴有红、李泽正等。

二、国有产权转让问题

基础设施存量资产所有权或经营权通常隶属于地方政府部门或其所属事业单位和国有企业。盘活存量资产的过程中，往往涉及国有产权转让问题，但目前盘活存量资产操作流程和国有产权交易流程如何衔接还没有得到明确。根据《企业国有资产交易监督管理办法》（国务院国资委 财政部令第32号）的规定，企业国有产权交易应当遵守国家法律法规和政策规定，遵循等价有偿和公开公平公正的原则，在依法设立的产权交易机构中公开进行，且产权转让原则上不得针对受让方设置资格条件，确需设置的，不得有明确指向性或违反公平竞争原则。上述程序的主要目的是通过公开透明渠道合理确定交易价格，将资产以更合理价格出售给有资金实力的另一方，严防国有资产流失。而通过PPP模式等盘活存量资产时，除了看中资金实力外，还要关注社会资本方的运营经验、管理能力等。由于国有产权转让环节难以设定与盘活存量资产项目相同的资格，也就存在存量资产的受让方不是中选社会资本方的可能性。

目前，基础设施REITs试点涉及国有产权交易时，采取个案处理、一事一议的方式。2020年10月，深圳市国资委率先批准本地基础设施REITs项目所涉国有资产遵循等价有偿和公平公正的原则规范发行，无须另行履行国有资产交易程序。随后，各地国资委也对进场交易进行了豁免。国办发〔2022〕19号文件明确提出"国有企业发行基础设施REITs涉及国有产权非公开协议转让的，按规定报同级国有资产监督管理机构批准"，在国务院层面确认了基础设施REITs涉及的国有产权转让个案处理机制。值得注意的是，国办发〔2022〕19号文件仅针对基础设施REITs有特殊规定，其他盘活存量资产方式若涉及国有产权转让的，仍需严格遵守《企业国有资产交易监督管理办法》的有关规定，进场交易是原则，非公开协议转让是例外。

三、税收问题

通过PPP、REITs等方式盘活存量资产时，绕不开的焦点问题是税收问题。税负成为影响社会资本参与盘活存量资产积极性的一个重要影响变量。

在PPP模式下，以TOT为例，资产转移涉及大量税费，其中，首次移交环节，涉及增值税、土地增值税、契税、印花税等，到期移交即使约定采用无偿方式，按照税法规定也视同销售需要缴税。目前唯一可以进行纳税筹划的环节就是在国有资产无偿划转过程中尽可能采取免税资产重组方式。

基础设施REITs产品生命周期包括设立、运营、分配、退出等环节，各环节都存在纳税问题。对参与REITs的相关利益主体而言，税收成本是影响融资成本和投资回报的重要因素，甚至直接影响到是否发行REITs的决策。从美国等国际经验看，基础设施REITs之所以发展迅速，一个重要原因是税收中性政策。2022年初，财政部和税务总局出台了一项基础设施REITs税收支持政策，即在重组阶段，原始权益人为发行REITs进行的资产重组不征收所得税，在发行阶段，原始权益人的所得税，推迟至实际获得收入之时再缴纳。与其他盘活方式相比，基础设施REITs享受的税收政策还是比较优惠的，但与其他国家相比，因不涉及基础设施REITs运营、分配等环节，后续税收优惠力度仍有空间。

四、职工安置问题

盘活存量资产，往往涉及原单位职工分流、转岗或提前退休等员工安置，以及企事业单位职工身份转换及相应的社保和养老等问题。这些并非单纯的法律意义上的劳动合同变更、解除或终止劳动合同的问题，在一定程度上还是行政管理问题甚至影响社会稳定[①]。存量资产所属单位未改制的，单位职工通常为事业编制或国有企业职工身份，由于行业垄断和历史原因，该部分人员不仅负责设施的运营、管理、维护，还很可能承担该行业领域的监督管理职责。相对于改制后完全市场化运作的企业，原单位职工的经费支出通常由财政保障或兜底。如果原有职工分流到新成立的项目公司，需要重新签署劳动合同，可能面临身份变化、工种调整、工资待遇变化甚至未来工作是否稳定等多方面的不确定性，原有职工难免产生疑虑甚至抵触情绪。如果有关原有职工安置的争议、纠纷无法得到妥善解决，很可能影响存量资产项目顺利实施。反过来，对于新引入的社会资本方或新成立的项目公司而言，原有职工在经验能力、综合素养、工作积极性等方面，可能不及社会招聘职工，这会对项目运营效率产生重要影响。

目前，从各地实践看，职工安置主要有四种解决方案：一是职工与原所属企业或单位解除劳动和身份关系，并按照双向选择的方式，与新成立的项目公司签订市场化的工作合同。二是先由项目公司全员接收全部职工，但是约定在合作期内，可以逐步按一定比例退回一部分职工，并由原所属公司负责安置被退回职工的工作。三是由原企业采用多种方式安置职工，例如，以劳务派遣形式对留置人员进行劳务派遣，或者协助办理调动手续，安排前往其他有接受意愿的国有企事业单位。以甘肃省张掖市城区集中供热项目为例，对于不愿与原企业解除劳动合同的正

[①] 引自国家发展改革委投资研究所课题组《运用PPP模式盘活存量资产研究》(2018年12月)，执笔人：吴亚平、吴有红、李泽正等。

式在册职工,即采取该安置方案①。第四种方案是根据职工意愿,由原所属企业和项目公司分别安置一部分职工。无论采取哪种方案,根据《企业国有资产交易监督管理办法》规定,职工安置方案均应当经职工代表大会或职工大会审议通过。

---

① 韩志峰:《中国政府和社会资本合作(PPP)项目典型案例》,中国计划出版社,2018年2月版。

第五章 基础设施项目资本金

项目资本金筹措困难是基础设施投融资面临的突出问题。通过多渠道规范筹措基础设施项目资本金,对加大基础设施建设力度,有效弥补基础设施建设短板,更好顺应构建现代化基础设施体系的新形势具有重要意义。

第一节　固定资产投资项目资本金制度及相关政策

项目资本金制度是我国投资管理的一项基本制度,对于建立投资责任约束机制和防范金融风险发挥了较好的平衡作用。项目资本金是项目债务融资的安全垫,是防范风险的重要工具,也是引导投资方向和调整优化投资结构的重要手段。

一、项目资本金的概念及其认定标准

我国正式提出投资项目资本金的概念,要追溯至1996年国务院印发的《关于固定资产投资项目试行资本金制度的通知》(国发〔1996〕35号)。此后,项目资本金的认定标准曾有过一些调整,但总体上坚持了"项目资本金对项目来说是非债务性资金"这一本质属性。

（一）国发〔1996〕35号文件确立资本金为投资项目非债务性资金的认定标准

1996年，国务院印发的《关于固定资产投资项目试行资本金制度的通知》（国发〔1996〕35号）将投资项目资本金定义为"在投资项目总投资中，由投资者认缴的出资额，对投资项目来说是非债务性资金，项目法人不承担这部分资金的任何利息和债务"。从中可以看出，项目资本金的核心特征是投资项目的非债务性资金，且项目法人不承担这部分资金的任何利息和债务。只要出资符合上述核心特征，便可被认定为投资项目资本金。

从国发〔1996〕35号文件明确的资本金核心要求来看，投资项目资本金不得为项目公司的债务性资金。《中国人民银行关于进一步加强房地产信贷业务管理的通知》（银发〔2003〕121号）、《固定资产贷款管理暂行办法》（银监会2009年第2号）、《项目融资业务指引》（银监发〔2009〕71号）等后续文件中先后对国发〔1996〕35号文件确立的项目资本金认定标准进行了落实和强化。

（二）财金〔2018〕23号文件提出按照"穿透原则"加强资本金审查

2018年，财政部印发《关于规范金融企业对地方政府和国有企业投融资行为有关问题的通知》（财金〔2018〕23号文），提出项目资本金穿透规则，要求国有金融企业向参与地方建设的国有企业（含地方政府融资平台公司）或PPP项目提供融资，应按照"穿透原则"加强资本金审查，若发现存在以"名股实债"、股东借款、借贷资金等债务性资金违规出资的问题，国有金融企业不得向其提供融资。该规则与国发〔1996〕35号文件略有区别。国发〔1996〕35号文件关于项目资本金不得为债务性资金的边界是针对"投资项目"而言的，而财金〔2018〕23号文件将项目资本金不得为债务性资金的禁区边界扩大到项目投资方。

财金〔2018〕23号文件的初衷是防范地方政府债务风险，避免项目单位通过运用眼花缭乱的资本金融资工具和手段层层嵌套、层层放大杠杆，加大项目融资风险。但在实践中，金融机构对项目投资方的出资来源，难以经济、有效地开展穿透审查，项目资本金穿透审查的操作性不强。根据《固定资产贷款管理暂行办法》《项目融资业务指引》等具体的金融监管文件，项目资本金是否落实到位是金融机构能否发放项目贷款的重要前提条件之一，但这些规定也仅针对投资项目层面的资本金到位情况，并无强制要求金融机构向上穿透审查资金来源。

（三）允许专项债资金作为部分项目资本金

2019年6月，中共中央办公厅、国务院办公厅印发《关于做好地方政府专项债券发行及项目配套融资工作的通知》，提出对于专项债券支持、符合中央重大决策部署、具有较大示范带动效应的重大项目，允许将部分专项债券作为一定比例的项目资本金。2019年9月，国务院常务会议提出，进一步扩大专项债券作为项目资本金的适用范围。专项债券资金属于债务性资金，债券本息由项目专项收入偿还，这也意味着并非所有类型的债务性资金都不可作为项目资本金。

（四）对项目资本金穿透规则予以理性矫正

2019年11月，国务院印发《关于加强固定资产投资项目资本金管理的通知》（国发〔2019〕26号），重申"投资项目资本金作为项目总投资中由投资者认缴的出资额，对投资项目来说必须是非债务性资金"，并要求金融机构在认定投资项目资本金时，严格区分投资项目与项目投资方。这些规定矫正了操作性不强的项目资本金穿透规则，也澄清了财金〔2018〕23号文件出台后业界对项目资本金合规筹措的困惑。

国发〔2019〕26号文件进一步明确了项目资本金认定标准，提出根据资金与项目的权责关系来判断能否将某一资金认定为项目资本金。概括而言，项目资本金认定标准主要有三点：（1）项目资本金对投资项目来说必须是非债务性资金，项目法人不承担项目资本金的任何债务和利息；（2）按照国家统一的会计制度符合权益工具分类条件的，可以认定为投资项目资本金，但不得超过项目资本金总额的50%；（3）项目借贷资金和不符合国家规定的股东借款、"名股实债"等资金，不得作为投资项目资本金。

二、项目资本金制度功能

国发〔1996〕35号文件指出，建立项目资本金制度的初衷是"深化投资体制改革，建立投资风险约束机制，有效地控制投资规模，提高投资效益"。具体而言，项目资本金制度试行初期，旨在实现风险约束和宏观调控两项功能：在风险约束方面，项目资本金的投入增强了投资者的责任心和风险意识，规定最低资本金比例有利于避免因杠杆比率过高、债务负担过重、对银行资金过度依赖而出现投资风险，也有利于控制投资风险向金融体系的传导和扩散；在宏观调控方面，根据经济发展形势的需要而动态调整固定资产投资项目的最低资本金比例，有利于平抑经济周期波动，实现经济持续、平稳发展[①]。

然而，一项制度的功能并非一成不变，会随着发展阶段、经济形势尤其是体制政策环境的改变而发生变化。与项目资本金制度试行初期相比，当前经济金融环境已发生显著变化，特别是随着金融市场化改革的

---

① 《项目资本金比例调整的政策内涵——专访国家发改委投资司副司长罗国三》，《中国投资》2009年第10期。

纵深推进，市场在金融资源配置中的决定性作用日益凸显，利率等重要金融价格要素的市场化程度大大提高，金融市场主体行为也更加商业化、市场化。信贷资金配置受到宏观调控政策、市场供求尤其是项目风险等诸多因素制约，并不会仅仅因法定最低资本金比例调整而影响信贷决策。尽管十多年来我国通过有保有压、区别对待的方式调整项目最低资本金比例，对引导投资资金流向、释放或回收投资资金发挥了积极作用，但不可否认的是，项目资本金制度的宏观调控功能已有一定程度的弱化。有一个佐证是，铁路、机场等基础设施领域项目资本金的实际比例持续高于国家规定的项目最低资本金比例。

在当前防风险的政策背景下，项目资本金制度的另一项功能即风险约束功能仍大有可为，但内在逻辑有所变化。制度实施初期，投资项目资金来源和资金筹措方式相对单一，资金来源和投资项目的权责关系也相对简单，此时通过调整最低资本金比例便可以控制杠杆水平，实现防范风险的政策目的。随着投资项目资金来源和资金筹措方式的多样化特别是资本金筹措机制的不断创新，资金来源和投资项目的权责关系日益复杂，此时单纯依赖项目资本金比例调节手段是不够的，还可以将适时调整项目资本金认定标准作为约束风险的另一重要手段。

三、项目资本金制度的适用范围

根据国发〔1996〕35号文件规定，项目资本金制度的适用范围仅限于各种经营性投资项目，包括国有单位的基本建设、技术改造、房地产开发项目和集体投资项目，以及个体和私营企业的经营性投资项目等，非经营性投资项目不实行资本金制度。之所以将非经营性项目排除在外，是因为非经营性项目本身没有偿债能力，也就不存在项目举债融资的问题，实质上全部资金投入都是项目资本金。相比国发〔1996〕35号文件，国发〔2019〕26号文件突出了项目资本金制度的适用范围为"我国境内的企业投资项目和政府投资的经营性项目",强调将经营性的政府投资项目纳入项目资本金制度的适用范围。

四、基础设施项目最低资本金比例

自1996年形成项目资本金制度以来,国务院根据经济形势发展和宏观调控需要,对主要行业领域特别是基础设施项目最低资本金比例进行了多次调整,在当时背景下,对加强宏观经济调控、引导投资结构调整、保持国民经济持续健康发展起到了积极效果。

国发〔1996〕35号文件规定,交通运输项目的最低资本金比例为35%。2004年,国务院在国发〔1996〕35号文件的基础上对项目最低资本金比例进行了首次调整,此次调整主要针对钢铁、水泥、电解铝等行业盲目投资和低水平重复建设问题,对基础设施项目最低资本金比例未作调整。

2009年,为应对国际金融危机、扩大国内需求、有效防范金融风险,国务院再次对项目最低资本金比例进行调整,降低了交通基础设施项目最低资本金比例,其中,机场、港口、沿海及内河航运项目的最低资本金比例从35%降为30%,铁路、公路、城市轨道交通项目的最低资本金比例从35%降低为25%。

2015年,为进一步解决重大民生和公共领域投资项目融资难、融资贵问题,扩大有效投资需求,促进投资结构调整,国务院再次发文调整了项目最低资本金比例要求。城市轨道交通项目最低资本金比例由25%调整为20%,港口、沿海及内河航运、机场项目最低资本金比例由30%调整为25%,铁路、公路项目最低资本金比例由25%调整为20%。城市地下综合管廊、城市停车场项目,以及经国务院批准的核电站等重大建设项目,可以在规定最低资本金比例基础上适当降低。

2019年，为降低基础设施短板领域投资门槛，调动各方积极性，加大有效投资力度，国务院进一步调整基础设施项目最低资本金比例，规定港口、沿海及内河航运项目，项目最低资本金比例由25%调整为20%，机场项目最低资本金比例维持25%不变，其他基础设施项目维持20%不变。同时规定，公路（含政府收费公路）、铁路、城建、物流、生态环保、社会民生等领域的补短板基础设施项目，在投资回报机制明确、收益可靠、风险可控的前提下，可以适当降低项目最低资本金比例，但下调不得超过5个百分点。这一规定为投资方、金融机构灵活确定项目资本金比例、发挥市场自我约束机制在制度层面提供了更大的操作空间。

表5–1　基础设施项目最低资本金比例演变过程

具体领域	1996	2004	2009	2015	2019
机场	35%	35%	30%↓	25%↓	25%
港口、沿海及内河航运	35%	35%	30%↓	25%↓	20%↓
铁路、公路	35%	35%	25%↓	20%↓	20%
城市轨道交通	35%	35%	25%↓	20%↓	20%[①]
其他交通运输项目	35%	35%	20%↓	20%	20%
其他基础设施项目（除交通运输）	20%	20%	20%	20%	20%

注：（1）部分重大建设项目可在规定最低资本金比例基础上适当降低；（2）↓表示相比上一次规定有所降低，无标识表示与上一次规定持平；（3）2009年，国务院明确了机场、港口、沿海及内河航运、铁路、公路、城市轨道交通项目的最低资本金比例，虽未提及其他交通运输项目的最低资本金比例，但明确"其他项目的最低资本金比例为20%"。

资料来源：根据国务院历次调整文件整理。

[①] 2018年国务院办公厅印发《关于进一步加强城市轨道交通规划建设管理的意见》（国办发〔2018〕52号），明确规定"除城市轨道交通建设规划中明确采用特许经营模式的项目外，项目总投资中财政资金投入不得低于40%，严禁以各类债务资金作为项目资本金。"该文规定了城市轨道交通项目最低资本金比例的例外情形，即除特许经营项目外，其他项目最低资本金比例为40%。实务中，各地城市轨道交通项目的实际资本金比例也多为40%。

国家规定的项目最低资本金比例只是项目资本金比例的下限，实际比例由投资方、金融机构在执行国家规定的基础上，综合考虑项目的投资收益、贷款风险等实际情况自主确定。一般而言，项目风险高、投资方信用等级低、债务融资成本高的项目，实际资本金比例较高；项目盈利性强、投资方信用等级高、债务融资成本低的项目，实际资本金比例较低。实践中，我国基础设施项目实际资本金比例通常高于国家规定的项目最低资本金比例。经过梳理2016年以来国家发展改革委网站公布的部分基础设施项目或建设规划批复信息（见表5-2），除金沙江拉哇水电站、青海黄河羊曲水电站等少数项目实际资本金比例正好为规定最低资本金比例外[①]，其余基础设施项目实际资本金比例都明显高于规定最低资本金比例。

表5-2　部分基础设施项目实际资本金比例

项目名称	总投资（亿元）	项目资本金比例（%）
上海至南京至合肥高速铁路	477	50
西安至重庆高速铁路安康至重庆段	1237	50
北京至雄安新区至商丘高速铁路雄安新区至商丘段	827	50
粤东地区城际铁路	1002	50
兰州中川机场三期扩建工程（机场工程）	318	50
北京新机场东航基地	132	30
金沙江拉哇水电站	310	20
青海黄河羊曲水电站	171	20

---

① 各地城市轨道交通项目（非特许经营项目）的实际资本金比例多为《关于进一步加强城市轨道交通规划建设管理的意见》（国办发〔2018〕52号）规定的最低比例。

续表

项目名称	总投资（亿元）	项目资本金比例（%）
津石国家高速公路海滨大道至长深高速段	76	50
溧阳至宁德公路江苏段	33	50
甘肃省甜水堡（宁甘界）经庆城至永和（甘陕界）公路	348	45
郑州市城市轨道交通第三期建设规划（含7个项目）	1139	40
无锡市城市轨道交通第三期建设规划（含3个项目）	481	40

资料来源：根据国家发展改革委网站公布的部分批复信息整理。

第二节 国外项目资本金制度

在国际上通常采用的酌定项目资本金制度框架下，主要基于不同资金来源之间的权责关系来认定项目资本金，而不完全取决于资金属性（权益或债务性资金）。为适应项目不同类型投资者的差异化需求，项目资本金来源较为多样化。

一、基于市场机制调节的项目资本金制度

国际上通常没有项目最低资本金比例的法定要求，主要由融资主体和金融机构，根据项目风险等具体情况通过市场机制最终确定项目资本金的比例，但这并不意味着不要求投资者投入自有资金。通常情况下，投资者参与项目投标时，会被要求在投标文件中明示自有资金投入比例，而该比例既是银行决定发放项目贷款的重要条件，也是政府选择投资者的重要标准，自有资金比例过低会降低投标者中标

概率[1]。

根据世界银行发布的全球基础设施2018年企业投资参与基础设施（Private Participation in Infrastructure，PPI）投资分析报告，披露详细融资信息的198个PPI项目的平均债务比率为73.5%，股本占23.6%，政府补贴占2.9%[2]。进一步分析发现，135个PPI项目（不包括中国及全债务、全资本的项目）中，近70%的项目，其资本金比例在10%～40%，部分项目在50%以上（见表5-3）。

表5-3 世界银行统计的PPI项目资本金比例情况

资本金比例（%）	0-10（不含0）	10-20（不含10）	20-30（不含20）	30-40（不含30）	40以上（不含40）
项目数量	4	29	43	21	38
比例	2.96%	68.89%			28.15%

资料来源：根据世界银行PPI（Private Participation in Infrastructure）项目数据库整理。

根据刘婷、王守清等国内专家梳理的国外9个基础设施PPP项目的资本结构信息，项目债本比例在1.1～11.5，即实际资本金比例在8%～50%，无明显的区间或固定数值，且多个项目的实际资本金比例要低于20%（见表5-4）。

表5-4 国外部分基础设施PPP项目的实际资本金比例

项目名称	投资额	债本比例	实际资本金比例
匈牙利M1-M15公路	3.2亿欧元	4.3	18.9%

---

[1] 黄华珍：《被误读的建设项目资本金——兼议资本金制度与PPP项目资本金融资模式之完善》，载于《中国PPP专家论道——国家发展改革委PPP专家优秀论文集》，经济日报出版社，2018年1月版。

[2] 《世界银行全球基础设施2018年PPI投资分析报告精要》。

续表

项目名称	投资额	债本比例	实际资本金比例
匈牙利M5公路（1期）	3.7亿欧元	4.6	17.9%
希腊雅典机场	22.5亿欧元	11.5	8.0%
波兰Gdansk码头	19.0亿欧元	1.1	47.6%
法/西-佩皮尼昂-菲格拉斯高速铁路	10.0亿欧元	8.7	10.3%
法国图尔斯-波尔多高速铁路	78.0亿欧元	8.1	11.0%
土耳其Birecik水电站	15.66亿美元	4.5	18.2%
巴西Cana Brava水电站	约5.0亿美元	2.3	30.3%
阿根廷Potrerillos水电站	约5.5亿美元	1.7	37.0%

注：债本比例指项目的债务资金和股本资金的比例关系；实际资本金比例由作者根据债本比例推算。

资料来源：刘婷、王守清等：《PPP项目资本结构选择的国际经验研究》，《建筑经济》2014年第11期。

二、适应不同投资者需求的项目资本金来源多样化

项目资本金提供方包括战略投资者和财务投资者[1]，不同类型的投资者在专业水平、风险控制能力及追求的目标等方面往往存在一定差异。为兼顾不同投资者需求，调动投资积极性，项目资本金投入可采用不同形式并进行结构化设计。从项目融资实践来看，项目股东可以采用

---

[1] 战略投资者主要包括施工企业、公用事业公司、房地产公司等相关行业领域经营和提供专业服务的公司，其积极参与项目开发和运营，追求长期战略发展目标（如延长价值链、销售自己的产品与服务）。财务投资者包括保险公司、养老基金、专门从事固定资产投资的投资基金、高净值私人投资者等，其注重追求财务收益，通常不参与项目运营。财务投资者与战略投资者的主要区别在于前者比较晚的进入时点及较低水平的运营参与，财务投资者通常的投资时点是项目已建成投入运营并开始产生现金流，此时项目已成功渡过高风险阶段。

股东借款作为项目资本金，但各个时期积累的利息往往被资本化，且清算时受偿权劣后于所有其他债权人①。同时，为实现项目融资的目的，在受偿权劣后于普通债务的前提下，可转债、优先股等夹层资本②也可以充当项目资本金。在投资者采用股东借款、可转债、优先股等准资本金（Quasi Equity）形式投入时，项目公司并未被完全禁止还本付息，但资本金收益分配时间和比例取决于贷款银行的意见。双方通常会在贷款合同中明示现金流水平，若项目公司现金流达到约定水平以上，即可以偿还投资者的利息，也可以部分偿还本金③。项目公司可对资本金还本付息的主要前提条件是资本金提供方能给予贷款银行足够的财务承诺和信心，关键指标是项目公司保持充足的现金流。

第三节　项目资本金"从哪里来"

基础设施项目投资规模往往较大，即使按项目资本金比例20%设计投融资方案，需筹措的项目资本金规模也非常庞大，对地方财力、社会资本方投融资能力形成一大挑战。因此，基础设施项目参与各方需要充分利用项目资本金政策，通过多种渠道合规补充项目资本金。

---

① ［瑞士］芭芭拉·韦伯、［瑞士］米莉娅姆·斯托布-比桑、［德］汉斯·威廉·阿尔芬：《基础设施投资指南：投资策略、可持续发展、项目融资与PPP》，罗桂连译，机械工业出版社，2018年7月版。

② 夹层资本是债务与股权融资的混合体，可以分为具有股权特征的夹层资本和具有债务特征的夹层资本。

③ 黄华珍：《被误读的建设项目资本金——兼议资本金制度与PPP项目资本金融资模式之完善》，载于《中国PPP专家论道——国家发展改革委PPP专家优秀论文集》，经济日报出版社，2018年1月版。

一、政府资本金注入

按照《政府投资条例》规定，政府投资资金的安排方式包括直接投资、资本金注入、投资补助、贷款贴息等。资本金注入是指政府安排政府投资资金作为经营性项目的资本金，指定政府出资人代表行使所有者权益，项目建成后政府投资形成相应国有产权的方式。该方式主要用于确有必要政府投资支持的经营性项目。政府直接投资是指由政府安排政府投资资金投入非经营性项目，并由政府有关机构或其指定、委托的机关、团体、事业单位等作为项目法人单位组织建设实施的方式。本质上，政府直接投资可视为特殊的政府资本金注入，相当于非经营性项目的资本金比例为100%。政府采取直接投资、资本金注入方式投资的项目，为政府投资项目，实行审批制。政府对企业投资项目仅采取投资补助、贷款贴息方式支持的，不改变项目资本金来源和性质，仍为企业投资项目，实行核准或备案制。

实践中，一些基础设施项目盈利水平欠佳，无法形成对社会资本有吸引力的合理投资回报机制。为此，地方政府采取资本金注入等方式优化基础设施项目付费模式，甚至同时采取政府投资股权少分红、不分红等多种方式支持项目实施，提高社会资本投资回报，增强项目吸引力。这就涉及以资本金注入方式安排的政府投资资金筹措问题。按现有政策，地方政府可通过统筹预算收入、上级转移支付、结转结余资金，以及按规定动用预算稳定调节基金等渠道筹集重大项目资本金，申请使用财政建设补助资金、中央预算内投资作为重大项目资本金，以及综合运用出让国有资源资产等多种方式补充基础设施项目政府方资本金。

（一）争取上级各类补助资金

在中央资金方面，中央预算内投资可以采取资本金注入方式，并在工作方案或管理办法中明确资本金注入项目条件、资金安排标准、监督管理等主要内容。中央预算内投资所形成的资本金属于国家资本金，由政府出资人代表行使所有者权益。除中央预算内投资外，还可申请车购税资金、民航发展基金等中央资金作为重大项目资本金。

呼和浩特新机场项目就是一个统筹使用本级预算资金、上级补助资金等各类财政资金筹集项目资本金的典型案例。该项目总投资223.7亿元，其中机场工程投资210.5亿元，资本金占总投资的50%，其中，国家安排中央预算内投资7.6亿元、民航发展基金22.3亿元，其余资本金由内蒙古自治区和呼和浩特市人民政府按照1∶1的比例安排财政资金解决。

（二）申请将地方政府专项债作为项目资本金

2019年中共中央办公厅、国务院办公厅印发的《关于做好地方政府专项债券发行及项目配套融资工作的通知》规定，对于国家重点支持的铁路、国家高速公路和支持推进国家重大战略的地方高速公路、供电、供气项目，在评估项目收益偿还专项债本息后专项收入具备融资条件的，允许将部分专项债作为一定比例的项目资本金，但不得超越项目收益实际水平过度融资。2019年9月，国务院明确专项债可用作项目资本金的范围为铁路、收费公路、干线机场、内河航电枢纽和港口，城市停车场，天然气管网和储气设施，城乡电网，水利，城镇污水垃圾处理、供水等10个领域，且以省份为单位，专项债券资金用于项目资本的规模占该省份专项债券规模的比例上限为25%。2022年，专项债可用作项目资本金的领域继续扩大，在原有基础上增加新能源、煤炭储备设施、国家级产业园区基础设施等领域。

（三）国有建设用地使用权作价出资

实践中，国有建设用地使用权作价出资主要有两种方式。一种是新供应国有建设用地作价出资。根据《关于扩大国有土地有偿使用范围的意见》(国土资规〔2016〕20号)规定,对可以使用划拨土地的能源、环境保护、保障性安居工程、养老、教育、文化、体育及供水、燃气供应、供热设施等项目,除可按划拨方式供应土地外,可通过出让、租赁方式供应土地,地方政府以国有建设用地使用权作价出资或者入股的方式提供土地,与社会资本共同投资建设。另一种是国有土地资产划转作价出资。这涉及存量土地资产的划转问题,需要在资产清理核实、产权确权登记的基础上,对存量土地资产进行评估作价,由划入方办理有偿用地手续。

(四)国有资源竞争出让所得

根据基础设施项目周边资源禀赋情况,考虑将项目周边的砂石料资源、矿产资源、旅游资源等国有资源打捆,以竞争性方式出让给投资该项目的社会资本方,置换资金可按照有关规定用于该项目政府方资本金。当然,也可以将项目周边国有资源竞争出让给项目投资方以外的其他社会资本,转让收入按有关规定可作为该项目政府方资本金。

二、通过发行权益工具筹措项目资本金

按《关于加强固定资产投资项目资本金管理的通知》(国发〔2019〕26号)的规定,项目法人和项目投资方通过发行权益型、股权类金融工具筹措基础设施项目资本金。值得注意的是,发行权益型、股权类金融工具筹措的资金并不是一定可以作为项目资本金,而要按照国家统一的会计制度,基于实质重于形式的原则,判断该类金融工具是否实质满足项目资本金制度要求,只有按照会计制度分类为权益工具的,可以认定为投资项目资本金,但不得超过资本金总额的50%。如果存在本息回购承诺、兜底保

障等收益附加条件,或者当期债务性资金偿还前可以分红或取得收益,或者在清算时受偿顺序优先于其他债务性资金等情形,则不能作为项目资本金。目前,正在推行的基础设施REITs作为权益工具,可在不增加债务的情况下盘活存量资产,回收资金可用于归还存量债务或用于补充其他投资项目资本金。

三、政策性开发性金融工具

2022年6月,国务院常务会议提出设立政策性开发性金融工具,用于补充包括新型基础设施在内的重大项目资本金,但不超过全部资本金的50%,或为专项债项目资本金搭桥。国家开发银行、农业发展银行和进出口银行通过发行金融债券等筹资,分别设立基础设施投资基金,承担基金投放、日常运营、投后管理、风险控制等工作。国家发展改革委牵头各部门、中央企业、各地方形成备选项目清单,由国家开发银行、农业发展银行和进出口银行通过金融工具按照市场化原则自主选择投资,中央财政按实际股权投资额予以适当贴息,贴息期限2年。基础设施投资基金公司只做财务投资,不参与项目实际建设运营,并按照市场化原则确定退出方式[①]。

2015年至2017年,我国曾设立专项建设基金,与政策性开发性金融工具类似,主要区别是专项建设基金资金来源、中央财政贴息方式和投向等。国家开发银行、农业发展银行通过向邮政储蓄银行(后期发行对象进行了扩展)定向发行债券,将债券收入以股本方式投入基金,基金采用股权投资方式投向棚户区改造等民生改善工程、重大水利工程等

---

① 根据2022年中国人民银行有关司局负责人就政策性开发性金融工具答《金融时报》记者问等公开资料整理。

"三农"建设、轨道交通等城市基础设施建设、交通能源等重大基础设施以及增强制造业核心竞争力等转型升级项目，补充项目资本金。中央财政按照债券利率的90%给予贴息支持，但后期财政不再贴息，专项建设基金随之逐渐淡出。

无论是2022年新设立的政策性开发性金融工具还是2015年设立的专项建设基金，都是阶段性举措，旨在满足重大项目资本金到位的政策要求，撬动更多社会资本参与，加快形成实物工作量。

四、基础设施项目资本金筹措的典型案例

杭绍台铁路（现更名为杭台高铁）是我国第一条建成通车的民营控股高铁，也是引入社会资本以PPP方式参与铁路建设成功的国家示范项目[①]。

项目自2017年12月开工建设，并于2022年1月正式开通运营。杭绍台铁路采用BOOT（建设—拥有—运营—移交）模式，由政府方出资代表与社会资本方组建的项目公司，负责杭绍台铁路的投资、融资、建设、运营和维护。

根据国家发展改革委公开的项目核准批复文件信息，项目总投资448.9亿元，其中工程投资432.9亿元，动车组购置费16亿元。其中，项目资本金占总投资的30%，计134.7亿元。该项目资本金出资主体涉及社会资本方、政府方、国铁集团三方。（1）社会资本方。民营企业复星集团牵头组成的联合体资本金出资比例为51%。（2）政府方。政府方的

---

① 2015年12月，国家发展改革委在铁路领域推出杭绍台铁路等8个社会资本投资示范项目，示范重点是社会资本以合资、独资或政府和社会资本合作（PPP）等方式参与铁路建设及营运。

资本金出资比例为34%，省、市按4∶6确定分担比例，在沿线台州、绍兴的具体出资比例上，采用线路境内长度比划分，两市过境线路长度相当，两市分别持股10.2%。（3）国铁集团。国铁集团承担特殊出资方角色，其所属基金公司通过单一来源谈判方式进入项目股权框架，持有项目股权的15%。基金公司不同于省、市政府方出资代表，而是与民营联合体"同股同权"，在合作期内享有项目收益分红[①]。

杭绍台铁路项目资本金筹措方案的主要特色在于，其充分发挥了政府、民间资本、央企等各方优势和积极性。首先，项目资本金比例较低。高速铁路项目资本金比例通常为50%，杭绍台铁路项目资本金比例仅为30%，降低了社会资本参与铁路项目的投资门槛，各方出资压力相对减轻。其次，率先实现了民营资本的控股投资，打破长期以来我国铁路建设领域约束社会资本投资的"玻璃门"。此外，传统模式下，高铁项目政府方资本金出资比例较高，往往在50%以上。以西安至重庆高速铁路安康至重庆段项目为例，项目资本金比例为50%，资本金为615亿元，其中，国铁集团、陕西省、重庆市、四川省的出资比例分别为27.8%、9.1%、27.9%、35.2%，地方政府合计出资72.2%。杭绍台铁路项目得益于社会资本方的积极参与，政府方资本金出资比例较传统模式下大幅降低。

第四节　项目资本金合理分级的未来方向

项目资本金认定标准是项目资本金制度的核心内容之一，是审批

---

① 本案例根据国家发展改革委公开的项目核准批复文件、《杭绍台铁路PPP项目投融资体制与建设管理模式改革创新实践》（汪东等发表于《中国工程咨询》2022年第6期）等公开资料整理。

部门、金融机构等有关方面准确规范地执行项目资本金制度，全面审查投资项目资本金来源、到位等情况的主要依据。随着当前金融创新的深入推进，出现了各种形式的权益工具，项目资本金来源日益丰富。由于不同项目资本金工具吸收损失和风险缓释能力存在显著差异，对其进行合理区分和精细化管理对于缓解项目资本金筹措困难、创新项目融资方式具有必要性和现实意义。

一、项目资本金分级的合理性

（一）风险约束的微观视角

项目资本金的核心功能是为债务性资金提供风险缓释，起到安全垫的作用。安全保障程度具体取决于项目公司现金流水平（包括当期和预期）和风险分配结构两个要素。项目公司现金流水平是"大盘子"，越充足，越能保障债务性资金安全；风险分配结构则通过对不同资金提供方的受偿顺序、偿债进度、分红比例等要素的结构化设计，将风险在各合作方之间进行合理分配。对一笔优先级债务而言，其在清算时的受偿权优先于其他所有资金。在项目公司现金流水平充足的前提下，无论其他资金是权益性资金还是债务性资金，均可以为优先级债务资金安全提供保障。基于经济实质重于法律形式的原则，其他所有资金都可视为优先级债务的安全垫。以此类推，对次级债务而言，除优先级债务外，受偿权劣后的其他资金也可以视同为次级债务的项目资本金。

与此同时，由于金融资本和产业资本等不同投资者的专业能力、控制和承担风险能力、风险偏好等存在较大差异，为顺应各方需求，介于传统债务和股权融资之间的夹层融资重要性不断显现，应用也越来越广泛。那么，夹层资本可否作为项目资本金呢？按照上述项目资本金认定标准，如果夹层资本受偿权劣后于普通债务，无论其属于具有股权特征的夹层资本还是具有债务特征的夹层资本，实质上均发挥了资本金的风险缓释功能，视其为资本金具有合理性。我国实务中，已有将借款作为项目资本金的先例。根据《关于信托公司开展项目融资业务涉及项目资本金有关问题的通知》（银监发〔2009〕84号）规定，股东借款在股东承诺在项目公司偿还银行或信托公司贷款前放弃对该股东借款受偿权的情况下可用于补充项目资本金。简言之，项目资本金认定要依据不同资金来源之间的权责关系，并不完全取决于名义上的资金来源股债性质。

（二）风险约束的宏观视角

如果项目公司杠杆率过高、债务负担过重、过度依赖银行信贷资金，可能引发较大的债务风险。特别是在当前我国经济发展面临新的风险挑战、国内经济下行压力加大的背景下，部分企业经营困难有所加剧，潜在的债务风险较大。在外部冲击下，高杠杆企业面临的挑战和问题尤为明显，更可能加剧债务风险暴露。单个企业债务风险的失控经由金融体系的传导和扩散，可能引发系统性金融风险。为强化资本金制度的防风险功能，确定项目资本金认定标准时，不仅要考虑不同资金来源之间的权责关系，还应从宏观审慎角度考虑到项目资本金认定标准的严格程度对杠杆水平和投资风险的可能影响。总体而言，随着市场约束机制不断强化、监管体系日趋完善，单个企业债务失控造成的扩散风险会相应降低，因而基于赋予各市场主体更多灵活性的考虑，可逐渐放宽项目资本金认定标准。

二、项目资本金合理分级的思路

国发〔2019〕26号文件的一大创新是，将符合条件的权益工具列入合格项目资本金范围。基于项目资本金风险约束功能的视角，合格项目资本金范围还可以继续扩大，受偿顺序靠后的次级债务也可以在一定条件下充当项目资本金。针对不同项目资本金工具吸收损失和风险缓释能力存在的显著差异，建议根据不同资金来源之间的权责关系以及资金属性，将项目资本金划分为一级资本金和二级资本金，并细化不同项目资本金来源的约束措施。

（一）一级资本金的构成及其约束措施

投资项目一级资本金又可分为核心一级资本金和其他一级资本金。两类资本金风险缓释的功能存在差异，在认定和核算资本金时加以区分有其必要性，也有其合理性。

核心一级资本金主要由各级政府及其有关部门的本级预算资金、上级补助资金等各类财政资金，企业的实收资本或普通股、资本公积、盈余公积、未分配利润等构成，具有清算时受偿顺序排在最后、不享有收益分配优先权、项目公司不承担分配收益的强制义务等核心特征。在所有资本金类型中，核心一级资本金吸收损失和风险缓释能力最强。为强化风险约束，提高项目发起人或战略投资者与项目长期战略发展目标的激励相容度，可对核心一级资本金占项目资本金总额的比例设置下限（不低于30%）。

其他一级资本金主要由通过发行金融工具等方式筹措、按照国家统一的会计制度分类为权益工具且不具有无条件收益分配优先权的各类资金构成，具有清偿顺序在普通债务之后、核心一级资本金之前，符合权益工具会计确认原则等核心特征。其他一级资本金来源主要是经相关监管部门批准发行，分类为权益工具的优先股、永续债（包括长期限含权中期票据）、认股权、可转换债券、REITs以及可进行股权投资的银行理财资金、基金、信托计划等。随着金融改革的深入和金融创新的发展，可用于补充其他一级资本金的金融工具还会不断出现。根据《金融负债与权益工具的区分及相关会计处理规定》《企业会计准则第37号——金融工具列报》《永续债相关会计处理的规定》等有关制度和规定，应以所发行金融工具的合同条款及其所反映的经济实质而非仅以法律形式为依据判断某项金融工具是否属于权益工具。换言之，某项金融工具在一定条件下可分类为权益工具，在其他条件下也可分类为负债，不能简单依据金融工具名称进行会计分类。以永续债为例，如某只永续债没有到期日且合同对手没有回售权，或虽然有固定期限但发行方有权无限递延，则分类为权益工具；如某只永续债尽管可续期，但发行方按合同约定必须按时支付利息即无自主递延利息支付权，则分类为负债。

专栏5-1　金融负债和权益工具的会计分类

根据《企业会计准则第22号——金融工具确认和计量》《企业会计准则第37号——金融工具列报》《永续债相关会计处理的规定》《金融负债与权益工具的区分及相关会计处理规定》等有关企业会计准则和规定，企业应当根据所发行金融工具的相关合同条款及其所反映的经济实质而非仅以法律形式为依据，运用负债和权益区分的原则，正确地确定其会计分类，不得依据监管规定或工具名称进行会计处理。

企业发行的金融工具同时满足下列条件的，符合权益工具的定义：（1）该金融工具应当不包括交付现金或其他金融资产给其他方，或在潜在不利条件下与其他方交换金融资产或金融负债的合同义务；（2）将来须用或可用企业自身权益工具结算该金融工具。同时满足以下条件，可认为企业能够无条件地避免交付现金或其他金融资产的合同义务，即条件（1）成立：没有强制赎回或强制付息、"利率跳升/票息递增"不构成间接义务、清偿顺序次于普通债务、没有其他合同条款（如投资者保护条款）导致分类为金融负债。

当前，基础设施项目资本金筹措面临的困难，主要是核心一级资本金缺乏。若能充分发挥其他一级资本金对核心一级资本金的有益补充作用，项目资本金筹措难题有望得到一定程度缓解。在严格监管、规范使用权益工具并强化信息披露制度的条件下，鼓励使用权益工具充实项目

资本金不仅可有效防控金融风险,还有利于拓宽项目资本金来源、真实降低企业资产负债率。鉴此,可适时放宽国发〔2019〕26号文件针对以权益工具方式筹措的资本金占比上限,考虑将其他一级资本金占资本金总额的比例设置为不超过70%。

(二)二级资本金的构成及其约束措施

二级资本金由具有风险缓释功能的劣后级债务性资金构成,其核心特征是按会计制度不属于权益工具,但清偿顺序劣后于普通债券、普通贷款等其他债务。具体资金来源包括不属于权益工具的优先股、永续债、可转换债券等金融负债,清偿顺序劣后的具有债务特征的夹层资本以及股东借款等。尽管从法律形式看,这些资金来源被归类为负债,需履行交付现金或其他金融资产的合同义务,但清算时劣后于其他债务,能承担一部分项目风险,因此具有权益性资金的特征。为缓解项目资本金筹措困难,鼓励资本金融资工具创新,调动各类社会主体积极性,允许符合条件的债务性资金充当项目资本金具有一定的必要性;同时,清偿顺序劣后的债务性资金可以在一定程度上实现项目资本金制度的风险约束功能,被认定为项目资本金也有一定的合理性。

基于上述考虑,建议适当放松不允许债务性资金充当项目资本金的禁令,允许符合条件的债务性资金充当项目资本金。基本条件包括:(1)收益分配受限。项目公司现金流达到约定水平以上方可偿还该债务性资金的利息和部分本金,且在当期普通债务性资金偿还前,不能分红或取得收益。(2)履行充分的信息披露义务。项目单位要将劣后级债务性资金的相关信息向提供融资服务的有关金融机构充分披露,并承担信息披露不真实、不充分的违约责任。(3)在清算时受偿顺序劣后于其他债务性资金。为防范风险,控制企业杠杆水平,对债务性资金充当项目资本金进行总量控制。试行初期,二级资本金不得超过资本金总额的10%。待项目资本金审查、信息披露等制度完善后，可以适当放宽上限。

表5-5 投资项目分级资本金构成与认定

投资项目各级资本金构成		特征	约束性指标
一级资本金	核心一级资本金	各级政府及其有关部门的本级预算资金、上级补助资金等各类财政资金，企业的实收资本或普通股、资本公积、盈余公积、未分配利润等	清算时受偿顺序排在最后、不享有收益分配优先权、项目公司不承担分配收益的强制义务	核心一级资本金占项目资本金总额的比例不低于30%
	其他一级资本金	经相关监管部门批准发行，分类为权益工具的优先股、永续债（包括长期限含权中期票据）、认股权、可转换债券、REITs以及可进行股权投资的银行理财资金、基金、信托计划等	受偿顺序在普通债务之后、核心一级资本金之前，符合权益工具会计确认原则	其他一级资本金占资本金总额的比例不超过70%
二级资本金		不属于权益工具的优先股、永续债、认股权、可转换债券等金融负债，清偿顺序劣后的具有债务特征的夹层资本以及股东借款等	不属于权益工具，清算时劣后于普通债券、普通贷款等其他债务	二级资本金不得超过资本金总额的10%

（三）建立健全项目单位资本金信息披露的配套制度

项目单位披露的资本金来源和到位情况等信息是金融机构、审批部门开展投资项目资本金审查工作的基础，信息披露的完备性、真实性也将对审查工作效率和审查结论产生重大影响。针对实务中暴露出的项目资本金信息披露不完备甚至不真实等突出问题，要进一步强化项目单位的资本金信息披露义务，提供融资服务的金融机构有权要求项目单位充分、及时披露有关资本金真实性、资金来源及存在的他项权利限制和合同义务等信息。若属于政府投资项目，项目单位还应向审批部门充分披露项目资本金信息。如果项目单位披露虚假信息，按照《政府投资条例》等有关法律法规，可依法追究法律责任。在严格监管、完善信息披露制度的基础上，可适当放宽项目资本金认定标准，扩大项目资本金范围。

第六章 基础设施投融资典型模式

实践中，基础设施项目的投融资结构、回报机制和相关配套安排不尽相同，笔者尝试梳理其中的共性和特性，归纳出较为常见的几类模式。当然，为满足庞大的基础设施投融资需求，地方政府、金融机构等参与方仍有强烈的模式创新动机。对于层出不穷的各种创新模式，要透过现象看本质，深入思考其内在逻辑与合规性。

第一节　PPP模式

PPP是英文Public Private Partnership的简称，本义是"公私合作"，在我国被翻译为政府和社会资本合作。尽管不同国家和国际组织对PPP的定义有所差异，但其核心要义基本一致，即公共部门与私营部门建立利益共享、风险分担的长期合作伙伴关系，通过发挥私营部门的优势，提高公共产品供给的质量和效率。尽管PPP并非简单的投融资工具，但毋庸置疑的是，PPP模式撬动了私营部门的资源，创新了基础设施和公共服务供给方式，在一定程度上满足了当前地方政府的强烈融资需求。

一、PPP模式在我国的发展

PPP模式是许多国家在基础设施领域吸引私人资本的通行做法，在我国也有30多年的发展历史，是一种被社会广泛认可的模式。概括而言，以2014年为分水岭，PPP模式在我国的发展脉络经历了两个主要阶段[①]。

(一) 20世纪80年代至2013年

在20世纪80年代以前，我国基础设施项目一般采用政府直接投资模式，由政府或其授权机构负责投资建设，投资主体和方式均非常单一。改革开放以来，一些地方开始探索引进国际社会上基础设施市场化运作的成熟经验，出现了BOT等当时国际社会比较流行的方式，积极吸引外资投资基础设施项目，投资主体日趋多元化。这一时期最具代表性的BOT项目是深圳沙角B电厂，这是我国第一个成功兴建、成功移交的BOT项目。20世纪80年代各地在基础设施领域通过BOT方式引进社会资本尤其是外资的探索仅局限于地方层面，不属于中央政府直接推动实施的有计划的改革行动，其主要目的是解决重大基础设施项目的建设资金短缺问题。

从1995年开始，我国政府积极推动在交通运输、能源建设、市政工程等领域采用BOT方式引进外资。原国家计委（国家发展改革委的前身）审批试行广西来宾B电厂、成都自来水六厂B厂、广东电白高速公路、武汉军山长江大桥和长沙望城电厂五个BOT试点项目，在各地掀起通过特许经营引进外资的高潮。然而，在这一阶段，有关BOT的制度建设、目标定位、项目评价理念及理论方法体系的建立均缺乏系统深入的研究。许多引进外资的BOT项目无法顺利运行，隐患和问题逐步暴露。针对上述情况，国务院办公厅于2002年9月印发《关于妥善处理现有保证外方投资固定回报项目有关问题的通知》（国办发〔2002〕43号），要求对保证外方投资固定回报的项目进行清理。

---

① 尽管在2014年之前，我国官方并未提出PPP的概念，但是从本质上看，BOT、特许经营等均属于PPP模式的范畴。

2004年原建设部出台《市政公共事业特许经营管理办法》(建设部2004年第126号令),对城市供水、供气、供热、公共交通、污水处理、垃圾处理等领域实施特许经营建立了一套制度框架,并主导制定了城镇供热、城市污水处理、城市生活垃圾等特许经营协议范本。在原建设部相关文件及政策的推动下,这一时期市政工程领域特许经营取得重大进展,大量特许经营BOT项目在市政建设领域得以落地,出现了北京地铁4号线等代表性项目,也产生了一批市政基础设施专业化运营企业。

(二)2014年以来的PPP模式发展

2014年,国务院印发《关于创新重点领域投融资机制鼓励社会投资的指导意见》(国发〔2014〕60号),首次在国务院文件中对PPP模式进行了系统完整的规范。之后,国家发展改革委、财政部等相关部门陆续出台数十项政策文件。在一系列政策推动下,全国掀起了新一轮的PPP热潮,PPP项目数量激增。据统计,自2014年1月至2021年12月底,累计落地的PPP项目规模达21.6万亿元,项目总数达到13747个[①]。2014年之前,历年累计落地的各类PPP项目(主要是特许经营项目)数量在3000个左右。从行业领域分布看,已落地PPP项目主要分布在市政工程、交通运输、生态环保、城镇综合开发等基础设施领域,上述四大领域累计投资额占比超过80%。

PPP模式的广泛应用改变了公共产品供给由事业单位和国有企业垄断的传统格局,在一定程度上打破了公共领域的准入限制,拓宽了民间资本的发展空间,越来越多的社会资本特别是民间资本通过BOT、TOT等多种PPP方式进入基础设施领域。据统计,2015年至2021年已落地的PPP项目中,由民营企业牵头或单独中标的PPP项目数量平均占比为

---

① 数据引自北京明树数据科技有限公司发布的《2021年中国PPP市场年报》。

37.2%；投资规模平均占比16.8%[①]，高于同期基础设施投资中民间投资平均占比（16.1%[②]）。

2017年下半年以来，PPP模式规范严管政策不断出台，PPP模式在我国的发展进入规范发展新阶段，PPP市场深度调整，项目落地速度明显放缓。2018年、2019年、2020年、2021年新中标PPP项目规模分别为3.5万亿元、2.9万亿元、2.8万亿元、2.3万亿元，比2017年减少约1.8万亿～2.9万亿（见图6-1），实际形成的实物工作量则更少了。从PPP模式带动民间投资情况看，2019年至2021年间，在全部中标PPP项目中，由民营企业牵头或单独中标的PPP项目数量和投资规模占比均呈逐年下降趋势（见图6-2），借助PPP模式带动民间资本进入基础设施和公共服务领域的作用明显弱化。

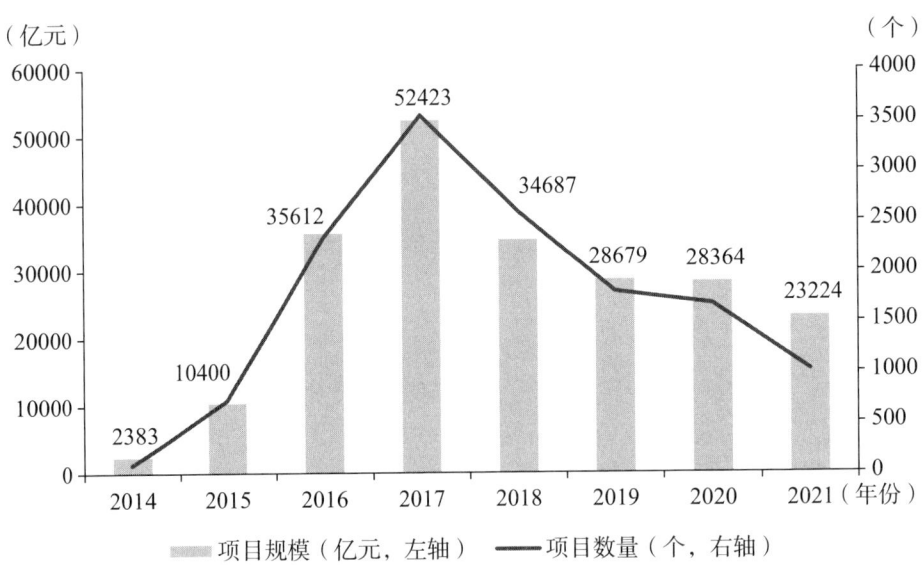

图6-1　2014-2021年全口径PPP项目年度成交情况统计图

数据来源：明树数据。

[①] 数据引自北京明树数据科技有限公司发布的《2021年中国PPP市场年报》。
[②] 因国家统计局未公布部分年份分行业领域民间投资绝对值，此处根据增速估算得到相关数值后测算。

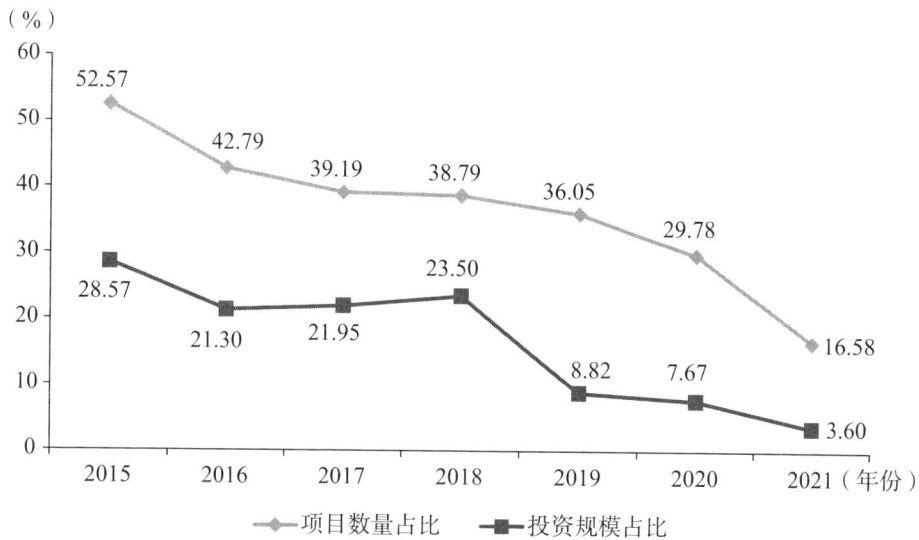

图6-2 2015—2021年民营企业中标PPP项目数量和规模占比走势

数据来源：明树数据。

二、当前我国PPP模式发展中存在的若干突出问题

以长期合作、风险分担、利益共享为核心理念的PPP模式在很大程度上弥补了地方政府投资能力不足的短板，发挥了社会资本运营基础设施和公共服务项目的专业优势，但在操作中存在的问题和风险隐患也不容忽视。

（一）项目前期工作不成熟

在2014年兴起的这一轮PPP热潮的初期，一些地方将PPP模式单纯作为融资手段，为了尽快上马实施项目，急于求成，没有严格履行投资管理程序，泛化PPP模式适用范围。在项目前期论证阶段，对项目的合理性、规模适度性、可融资性、风险分配、绩效考核等关键问题缺乏深度足够的论证，一些项目财政支出责任超出自身财力，给后期运营埋下很多隐患。近几年,很多PPP项目沦为"半拉子工程",这不能简单甩锅给趋严的监管政策,而是在项目源头上质量就出问题了。

(二)项目回报机制不完善

PPP项目回报机制高度依赖政府付费或可行性缺口补助。根据财政部公布的数据测算,截至2021年12月底,入库项目中,政府付费类和可行性缺口补助类PPP项目数量占88%,完全靠使用者付费就可实现合理回报的PPP项目只占很少一部分。前几年PPP热潮带来的直接结果之一是应用PPP模式的财承空间很快被挤满,不少地方每一年度本级全部PPP项目的财政支出责任占比已接近10%红线,若PPP项目回报机制没有大的改观,再运用PPP模式操作新项目的空间十分有限。曾有一些观点认为,要提高一般公共预算支出占比上限,为地方操作新PPP项目腾出更多财承空间。但从财政可持续性角度看,将PPP模式的发展空间寄希望于红线放宽的方案不大可取,不利于可持续的发展。

(三)重建设轻运营倾向明显

2014年以来,大约50%的PPP项目由施工企业中标,这些施工企业具备较强的施工能力,但更偏好"赚快钱",对长期运营兴趣不大。有的施工企业甚至采取低价中标方式,赚取工程利润后就设法"金蝉脱壳"。基础设施领域推广应用PPP模式的初衷是基于项目全生命周期的视角,充分发挥社会资本方的管理和运营优势,而实践中PPP项目参与主体重建设轻运营的倾向有违PPP模式初衷,使得基础设施项目难以提升运营管理效率,而且可能因为运营主体变更造成运营中断。国内专业运营商发展不足、竞争力偏弱也是造成PPP项目整体重建设轻运营倾向的重要原因之一。长期以来,我国基础设施运营主要由国有企业或事业单位承担,市场化程度不高,运营能力偏弱。当前国内创新能力强、管理水平高、具备长期运营能力的民营企业发展严重不足,尚无法充分满足PPP模式对专业化运营的需求。

三、规范PPP项目实操要点

2019年财政部印发《关于推进政府和社会资本合作规范发展的实施意见》(财金〔2019〕10号),明确了PPP规范发展的审慎要求和财政支出责任监管要求。同期,国家发展改革委印发《关于依法依规加强PPP项目投资和建设管理的通知》(发改投资规〔2019〕1098号),要求各地按照《政府投资条例》《企业投资项目核准和备案管理条例》规定,全面、深入开展PPP项目可行性论证和审查,严格依法依规履行项目决策程序。两份文件的出台对规范有序推广PPP模式产生了重大而深远的影响。PPP参与各方对PPP的认识趋于冷静和理性,一个突出表现是政府付费项目的操作空间越来越有限,可行性缺口补助项目新增数量也因财承空间的制约越来越少。

在《政府投资条例》《企业投资项目核准和备案管理条例》等深入推进以及防范地方政府隐性债务风险的一系列政策严格实施的大背景下,运用PPP模式不能突破和逾越法律法规和政策红线,而应当在依法依规的前提下,规范推进PPP项目实施。在现有政策条件下,规范PPP项目有几个关键的合规要点。

(一)按规定履行决策论证程序

PPP项目要么是政府投资项目,要么是企业投资项目,要严格执行《政府投资条例》或《企业投资项目核准和备案管理条例》,依法依规履行审批、核准、备案手续。实施方案审核也是PPP项目实施的重要决策程序。通过实施方案审核的PPP项目,方可开展社会资本遴选,实施方案主要内容要与经批复的可行性研究报告、项目核准文件、备案信息相一致。同时，按照财政部要求，PPP项目还要按规定履行物有所值评价、财政承受能力论证手续。

这一轮PPP热潮中，出现了很多打包捆绑的PPP项目，加大了前期可行性论证的复杂性。按规定，所有固定资产投资项目须使用全国投资项目在线审批监管平台生成的项目代码分别办理各项审批手续，但捆绑类PPP项目与单体项目不同，除子项目要单独履行审核备手续外，PPP项目本身要生成PPP项目管理码，用于办理可行性论证和审查、实施方案审核等针对PPP项目的审批手续。例如，某地将停车场A、停车场B、停车场C等，作为一个项目D采用PPP模式实施，则项目D需要获得PPP项目管理码，同时停车场A、停车场B、停车场C需要分别作为独立项目各自履行审核备手续。

捆绑类PPP项目实操中难免遇到一个问题，什么样的项目适合打包捆绑？基本原则是子项目之间具有较强的关联性，通过捆绑实施达到"1+1＞2"的集成效果，如果将关联度弱甚至无实质关联的项目捆绑打包，在实操中往往会陷入"联而不合"的局面，存在很多难以克服的困难。常见情形是将同一类项目打包实施。例如，乡镇污水处理设施分布较散，规模普遍较小，难以形成规模效益，单个污水处理厂基本不能满足社会资本对市场化经营的收益要求。若将这些"小而散"的项目进行"捆绑"打包，形成规模效益后就容易吸引社会资本。福建龙岩市四个县（区）乡镇污水处理厂网一体化PPP项目是财政部PPP示范项目，该项目特色就是将龙岩市新罗区、永定区、连城县和武平县的乡镇污水处理厂及配套管网捆绑打包实施，涉及31个乡镇，污水处理总规模约11万吨/日[1]。

---

[1] 引自财政部政府和社会资本合作中心、E20环境平台《PPP示范项目案例选编——水务行业》，经济科学出版社，2017年9月版。

（二）不固化政府支出责任

PPP项目如果出现以下行为，项目形成的财政支出责任将被认定为地方政府隐性债务：存在政府方或政府方出资代表向社会资本回购投资本金、承诺固定回报或保障最低收益的；通过签订阴阳合同，或由政府方或政府方出资代表为项目融资提供各种形式的担保、还款承诺等方式，由政府实际兜底项目投资建设运营风险的；政府支出事项与项目产出绩效脱钩的。

在实操中常遇到的问题是，PPP项目交易结构中保底量设置是否固化了政府支出责任？以国家发展改革委征集发布的典型案例——安徽省滁州市第三污水处理厂及配套管网一期项目为例，该项目设置了"保底水量"，一期项目商业运营开始后的两个运营年内达到2.5万吨/日，第三运营年内为3.5万吨/日，第四运营年及以后运营期内为4.5万吨/日。如当月累计实际污水处理量少于或等于当月累计保底水量时，政府按保底水量付费，即政府承担了最低需求风险[①]。尽管从形式上看，保底水量成为污水处理厂的基本收入保障，具有一定程度的"旱涝保收"特征，但不同于提前锁定、固化政府支出责任。固化政府支出责任，意味着社会资本方不承担风险，其获得的回报与产出绩效关联度弱，而"保底水量"的付费安排不属于政府兜底，其主要目的是降低项目公司承担实际需求风险的程度，提高项目可融资性。现在基本达成一致的观点是，政府对污水处理厂等项目规划有最高决策权限，更有能力规划好和安排好水量，因此这类项目的最低需求风险由政府承担具有合理性[②]，不宜认定

---

① 韩志峰：《中国政府和社会资本合作（PPP）项目典型案例》，中国计划出版社，2018年2月版。

② 薛涛、汤明旺、李曼曼：《涛似连山喷雪来：薛涛解析中国式环保PPP》，中国电力出版社，2018年12月版。

为固化政府支出责任。

（三）降低政府付费比例

尽管PPP项目形成的财政支出责任是否属于政府债务尚存争议，但毋庸置疑的是，政府付费和可行性缺口补助项目都会形成政府支付义务，加大未来财政支出压力。没有运营内容、完全由政府付费的PPP项目，与定性为增加政府隐性债务的BT类项目没有本质区别，对此类项目各部门宜持审慎态度。2017年以来，多个部门对政府付费类PPP项目的看法都开始转向审慎。国家发展改革委印发的《关于鼓励民间资本参与政府和社会资本合作（PPP）项目的指导意见》（发改投资〔2017〕2059号）明确提出，"重点推介以使用者付费为主的特许经营类项目，审慎推介完全依靠政府付费的PPP项目，以降低地方政府支出压力，防范地方债务风险"。《关于推进政府和社会资本合作规范发展的实施意见》（财金〔2019〕10号）要求，"财政支出责任占比超过5%的地区，不得新上政府付费项目"，"将新上政府付费项目打捆、包装为少量使用者付费项目，项目内容无实质关联、使用者付费比例低于10%的，不予入库"。

（四）社会资本适格性问题

不同于国外PPP项目主要是政府和私人部门之间的合作，国内则有很多国有企业作为社会资本方参与PPP项目。2015年至2021年我国累计落地的PPP项目中，由国有企业牵头或单独中标的PPP项目数量占比、投资规模占比分别超过60%、80%，足见国有企业对这一轮PPP热潮的影响。那么，是否所有国有企业都可以作为社会资本方参加PPP项目呢？《政府和社会资本合作模式操作指南（试行）》（财金〔2014〕113号）限制本级政府所属融资平台公司及其他控股国有企业作为本级PPP项目的社会资本方,其初衷是这类企业作为社会资本方,无异于政府的资金和资产在体内循环,无法明确责权利关系,不能起到撬动社会投资、提高项目运营效率的作用。此外,为找到合格的社会资本方,通过公开招标等竞争方式遴选社会资本是基本原则,但如果政府融资平台公司参加本级PPP项目社会资本遴选,竞争原则还能否真正执行,存在很大的不确定性。

这里有一个特殊问题是,实现市场化运营的政府控股国有企业能否作为社会资本参与本级PPP项目?张继峰博士认为,判断政府平台公司、地方国企是否能做社会资本的核心标准,是其是否脱离了地方政府财政支持,是否是自主经营、自负盈亏的市场化企业[①]。笔者赞成该判断标准。已真正实现市场化运营、完全脱离政府支持的地方国有企业与普通企业的本质差别不大,可以在PPP项目交易结构中明确责权利关系,而不应限制其参与PPP项目。事实上,多份政策文件也提出了类似要求。《国务院办公厅转发财政部发展改革委人民银行关于在公共服务领域推广政府和社会资本合作模式指导意见的通知》(国办发〔2015〕42号)规定,"对已经建立现代企业制度、实现市场化运营的,在其承担的地方政府债务已纳入政府财政预算、得到妥善处置并明确公告今后不再承担地方政府举债融资职能的前提下,可作为社会资本参与当地政府和社会资本合作项目,通过与政府签订合同方式,明确责权利关系"。财金〔2019〕10号文件禁止本级政府所属的各类融资平台公司、融资平台公司参股并能对其经营活动构成实质性影响的国有企业作为社会资本参与本级PPP项目,但并未限制其他控股国有企业,这与国办发〔2015〕42号文件精神相一致。

---

① 张继峰:《PPP项目融金术:融资结构、模式与工具》,法律出版社,2017年8月版。

第二节　基于XOD理念的投融资模式

基础设施项目具有较强的正外部性，但基础设施条件改善之后带来的周边土地增值及物业开发收益并不能直接为基础设施项目投资者获得，这也是造成基础设施项目盈利能力偏弱、社会资本投资积极性不足的一大原因。XOD理念的核心是强调溢价回收机制，将外部效益中的一部分返还给基础设施投资者，实现基础设施外部效应内部化。XOD是TOD（公共交通导向的开发）、EOD（生态环境导向的开发）、COD（文化设施导向的开发）、HOD（综合医疗设施导向的开发）、SOD（体育运动设施导向的开发）等一系列同源开发理念的统称。本节重点阐述较为常见的TOD和EOD理念。

一、公共交通导向的开发（TOD）

TOD理念起源于20世纪80年代，主张将土地综合开发利用和城市公共交通系统相结合，促进城市向高密度、功能复合的城市形态发展，核心愿景是在大容量公共交通沿线形成高密度的土地发展模式，改善交通拥堵和环境污染，使城市发展更加均衡，布局更趋完善。2000年以来，国内深圳、杭州、成都等城市引入并在城市轨道交通等领域实践了TOD理念，取得了良好成效，但也面临一些困难和障碍。

（一）TOD的典型特征

TOD不是交通工程或者狭义的交通规划理念，而是一种城市发展理念，是为应对开发空间保护、交通拥堵、空气质量、住房等一系列城市问题而提出的可持续发展策略。TOD在理论和实践发展过程中，形成了3个典型特征，即"3D"原则：混合开发利用（Diversity）、高密度建设

（Density）和合理设计（Design）[①]。（1）提倡混合开发利用。TOD区域强调站点及公交枢纽设施与用地融合设计，把单纯的交通用地转化为多功能的城市节点，大力开发建设服务、娱乐、体育等功能，为居民提供便利的服务，推进职住平衡。（2）提高土地开发密度。通过高强度、立体化的设计提升站点及周边的土地使用效益。从空间来看，沿站点扩散范围土地开发强度逐渐减小，站点核心区用地开发强度最大。高密度开发能够提高公共交通出行比例，增加将来使用轨道的客流，这也是TOD区域发展零售、娱乐以及其他服务业所需的消费市场基础。（3）合理设计。成功的TOD项目离不开高质量公共交通服务的加持，公交停靠站或枢纽建筑的设计、标牌指示和相关信息、各类公交方式衔接的时间都会影响服务质量。高品质公共活动空间、公共交通站点之间舒适的步行环境，有利于提高公共交通的吸引力。因此，TOD强调"以人为本"的设计原则，推行高效无缝换乘设计，倡导有步行亲和力的街道、建筑物及公共空间设计，从而提升乘坐公共交通出行的舒适感和满足感。

（二）TOD的成功实践

TOD的实践应用非常广泛，有发达国家城市，如美国旧金山、丹麦哥本哈根，也有发展中国家城市，如巴西库里蒂巴；有基于轨道交通车站的，如美国阿灵顿（Arlington）地铁走廊开发模式，也有基于BRT线路的，如巴西库里蒂巴的BRT"三分道路开发模式"[②]。

香港铁路有限公司（简称"港铁公司"）是成功实践TOD理念的典范，其将商业、住宅等物业的开发与地铁建设有机结合，将土地、物业

[①] 美国学者罗伯特·塞韦罗（Robert Cervero）基于旧金山湾区快速轨道交通的研究明确了开发强度和公共交通使用率之间的相互关系，并将功能多样和较高强度的TOD空间特征归纳为"3D"原则，得到广泛认可和应用。

[②] 陈莎、殷广涛、叶敏：《TOD内涵分析及实施框架》，《城市交通》2008年第6期。

增值收益用于平衡地铁投资支出，较好地解决了香港地铁投资、建设和运营的资金来源问题。港铁公司TOD实践突出体现了以下两个特点。

一是港铁公司拥有地铁站点和沿线周边土地一级开发权和二级开发主导权。在政府、港铁公司、开发商三个主要市场参与者中，港铁公司居于主动地位，扮演着"向上承接政府战略，向下撬动市场资源"的角色，成为整合政府资源与市场资源的平台。实践中，香港政府授予港铁公司物业开发权，港铁公司通过统一规划、项目招标、施工监督、收益分享等措施控制整个开发价值链中增值较大的土地获取、规划设计、经营管理等环节，而将成本较高的建筑施工环节交给开发商操作。通常情况下，政府按照无地铁情况下的最低价，将地铁物业发展用地出让给港铁公司，再由港铁公司担当土地经营商的角色，按照有地铁情况下的市场地价进行操作，通过公开招标的形式寻求与地产商合作。港铁公司在取得土地时即由选定合作的地产商支付地价，地产商则根据港铁公司的发展要求兴建相关物业。物业建成后，港铁公司参与分享物业开发收益。

二是以地铁为中心对站点空间和沿线土地资源进行综合开发。政府将物业开发权赋予港铁公司后，由港铁公司在不需要政府补贴的条件下，以地铁为中心综合开发资源。主要形式包括：在地铁车站上方和邻近的地区开发房地产项目，形成以地铁车站为中心、沿地铁线开发的新社区；利用地铁车站上方空间建设商业广场，形成商业中心，既方便市民购物，又能使原有物业增值；与公交公司、电信公司、房地产开发公司、广告媒体公司、金融机构开展深入合作，充分发挥地铁的品牌效应，从事广告、金融、通信等商业活动。

（三）内地城市面临的困局

从我国内地多个城市的TOD实践来看，TOD的开发逻辑和收益模式看似直观，但其建设投资需考虑的决策因素较多，实际操作中面临土地联动开发等现实问题，这不是靠简单复制我国香港地区或其他国家的做法就可以解决的。

TOD项目的建设内容包括公共交通基础设施建设（以轨道交通为主）以及土地一级、二级、三级开发等。将以轨道交通为主的公共交通基础设施建设和沿线土地开发作为整体，充分发掘项目综合效益是TOD项目的核心策略，这也是港铁公司成功运作TOD项目的最大秘诀。但在内地城市实际操作过程中，轨道交通等基础设施建设和土地开发项目基本上分项运作。轨道交通部分一般采用EPC、PPP等模式，主要通过轨道交通后期运营收入和政府支付的可行性缺口补助等收入平衡轨道建设运营成本。土地一级开发部分，政府方主要通过土地出让收入来平衡土地一级开发中的"七通一平"、征拆款项等支出。土地二级和三级开发部分，则由市场主体在获取土地使用权后，通过住宅等物业销售及后期运营收入来平衡相应阶段的投资建设及运营支出。TOD项目之所以难以一体化运作，主要是受其必须以招拍挂方式出让经营性用地使用权、严禁将储备土地作为资产注入国有企业、禁止将两宗以上地块捆绑出让、禁止"毛地"出让等政策条件限制，造成各部分开发主体不一致，土地二三级开发部分所产生的物业销售收入、物业运营收入等收入很难反哺一级开发。

此外，土地综合开发主体和轨道交通等公共交通项目社会资本的确定程序合并实施，尽管有多份规范性文件予以支持，但在实操中存在交易标的难以确定、期限不匹配、竞争不充分等较复杂的问题。即使能够合并实施，由于不能实现土地一二三级联动，已不属于真正意义上的TOD项目范畴。

（四）探索"解决之道"

内地城市在践行TOD理念过程中面临的问题，主要不是TOD理念本身和操作层面的问题，更多的是深层次的体制机制和政策障碍。当然，我们也要看到，土地一二级联动受限等政策有特定的背景和导向，显然不能因为要实施TOD项目就将土地一二级联动等违规模式全面解禁。各地要在现有政策条件下探索TOD"解决之道"，在试点探索和"一事一议"的经验积累基础上，逐步构建和完善专门的法规和政策体系。概括起来，内地城市主要采取以下几种应对方式。

1. 土地出让反哺方式

该方式在各部分分离运作的情况下，通过设计土地出让反哺路径，使轨道交通建设的外溢效应能反哺轨道交通建设，其核心内容是筹资用地控制和土地出让收入反哺。目前，南京、青岛、杭州、成都等城市都曾探索运用土地出让反哺方式。以杭州市为例，具体做法是，首先，在轨道交通场站周边500米半径范围内划定筹资地块，该地块筹资不足的部分，在出资主体行政区划范围内另行划定成片土地作为筹资地块；其次，筹资地块土地出让收入缴入市级国库，扣除相关计提费用后全额核拨市地铁集团，专项用于轨道交通建设出资；此外，将市本级土地出让收入专项计提比例从6%提高至10%，专项用于市本级轨道交通项目出资。

土地出让反哺是现有政策条件下最容易操作的方式，但也存在一些明显不足。由于轨道交通建设、土地一二三级开发分离操作，轨道公司无法开展以场站为核心的土地资源高密度开发，轨道建设与土地开发方案容易脱节。此外，轨道项目资本金需求与土地开发收益存在时间差，不能及时满足轨道建设资本金需求。

2. 带条件招拍挂方式

该方式的基本操作流程是，统一由政府委托轨道公司结合线网规划按TOD要求提出各站场的选址、综合利用建设规模、总体布局、沿线地区控规修编要求等，联合相关部门共同完成各项做地前期工作，然后由土地储备中心统一收储。同步启动站场的TOD概念设计，并进一步按规划指标细化站场综合利用建设要求，完善基地结构、荷载、交通等工程预留设计，审批完成后委托轨道公司承建预留工程，适时通过招拍挂方式带条件公开出让站场周边已收储的土地。轨道公司可以联合地产商共同取得周边用地开发权，并获得一部分建成后的物业经营权。深圳地铁4号线是带条件招拍挂出让的代表性项目。港铁深圳公司获得了深圳地铁4号线特许经营权，又以带特定条件招拍挂方式获得4号线部分周边用地的开发权。按照约定，港铁深圳公司与深圳市政府对物业开发的经营性收益进行分成。

带特定条件招拍挂方式是现有政策条件下交通等基础设施和土地开发一体化程度较高、适用范围相对较广的方式，但存在较高的交易成本，轨道公司通常难以控制成本，同时也面临能否竞得地块的不确定性。

3.土地作价出资方式

该方式首先由深圳市政府提出并在深圳地铁二期三期项目中实践。2012年，深圳市政府以会议纪要形式明确，市政府对地铁的出资可以以开发用地作价出资，以作价出资方式取得的土地使用权，其法律效力等同于以出让方式取得的土地使用权[1]。除了深圳，在南宁也实践了这一方式，提出国有城市轨道交通建设及运营单位在城市规划确定的城市轨道交通及其配套设施用地范围内进行综合开发，可以按作价出资方式取得建设用地使用权[2]。

---

[1] 根据2013年第一期深圳市地铁集团有限公司公司债券募集说明书披露的公开信息，2012年3月深圳市政府《关于地铁三期开发用地作价出资等问题的会议纪要》（2012年第80次）提出土地作价出资方案。

[2] 2016年，南宁市政府印发《南宁市城市轨道交通综合开发建设用地使用权作价出资管理暂行办法》（南府规〔2016〕26号）。2017年，南宁市国土资源局为南宁轨道交通集团有限责任公司办理了"原海鲜市场地块"、"福建园站地块"、"佛子岭站地块"、"火车东站南广场8号地块"、"火车东站南广场9号地块"、"火车东站南广场10号地块"、"高坡岭路地块"的作价出资用地手续，总用地面积共计258亩，土地用途均为商住办公用地，涉及作价出资价款23亿元。

土地作价出资方式有两个关键点。一是对拟作价出资土地的使用权市场价格进行评估，由于没有经过竞争性出让程序，评估价如何做到合理公允是一大难题。二是政策问题，深圳市提出土地作价出资方案时尚无先例，也没有相应的上位法律法规和政策文件支持，算是"特事特办"。尽管国土资规〔2016〕20号文件规定对可以使用划拨土地的能源、环境保护、保障性安居工程、养老、教育、文化、体育及供水、燃气供应、供热设施等项目，市、县政府可以国有建设用地使用权作价出资或者入股的方式提供土地，但是轨道交通综合开发用地除了轨道建设用地外，还有场站周边的商业、住宅开发等经营性用地，并非完全适用土地划拨方式，因此作价出资方式仍面临政策障碍。

二、生态环境导向的开发（EOD）

EOD是生态产品价值实现路径之一，多个国家和地区正在积极探索将EOD理念用于城市规划与建设，如新加坡、美国波特兰都市区等[①]。在我国，EOD正由理论研究逐步走向试点实践。2018年8月，生态环境部印发《关于生态环境领域进一步深化"放管服"改革 推动经济高质量发展的指导意见》，提出探索开展EOD模式，推进生态环境治理与生态旅游、城镇开发等产业融合发展，在不同领域打造标杆示范项目。截至2022年4月，生态环境部等部门联合发布了两批共94个EOD模式试点项目。既然处于试点阶段，意味着目前普遍推广EOD的条件还不成熟，需要通过试点及时总结经验做法，探索形成可复制、可推广的生态环境治理创新模式。

---

① 引自赵云皓、徐志杰、辛璐、王志凯、卢静《生态产品价值实现市场化路径研究——基于国家EOD模式试点实践》，《生态经济》2022年第7期。

（一）EOD的典型特征

根据生态环境部、国家发展改革委、国家开发银行等联合印发的《关于推荐生态环境导向的开发模式试点项目的通知》（环办科财函〔2020〕489号）的定义，"EOD模式是以生态文明思想为引领，以可持续发展为目标，以生态保护和环境治理为基础，以特色产业运营为支撑，以区域综合开发为载体，采取产业链延伸、联合经营、组合开发等方式，推动公益性较强、收益性差的生态环境治理项目与收益较好的关联产业有效融合，统筹推进，一体化实施，将生态环境治理带来的经济价值内部化，是一种创新性的项目组织实施方式"。根据上述定义，EOD的核心要义是将生态环境治理作为关联产业开发项目的投入要素，并将生态环境治理带来的外部收益转化为对生态环境治理项目投入的反哺。具体而言，EOD主要有四个典型特征。

（1）生态环境问题导向。EOD的核心目标是探索形成生态环境治理创新模式，发展产业本身不应作为其首要任务，借EOD之名行开发之实更是违背了EOD的初衷。好的EOD项目须坚持生态环境保护优先，首要任务是解决区域突出的生态环境问题，这是厚植生态产品价值的前提，也是发展关联产业的基础。

（2）生态环境治理与关联产业开发项目要有效融合。以往，由于投资回报机制与生态产品价值实现机制不健全，生态环境治理与产业开发相互割裂，生态环境质量改善带来的价值提升没有为产业开发带来增量收益。EOD强调生态环境治理与产业开发项目之间要具有较强的关联性，这是项目实施层面实现"谁受益，谁补偿""谁保护，谁受益"的重要前提。

（3）产业开发收益能够反哺生态环境治理投入。公益性较强、收益性差的生态环境治理项目面临总体投入不足、投融资渠道不畅等问题，以政府投资为主的格局与财政资金有限之间的矛盾较为突出。EOD强调依靠产业开发反哺生态环境治理的投入，提升生态环境治理项目自身造血功能，从而有效缓解政府投入压力。

（4）生态环境治理与关联产业开发项目要一体化实施。即将生态环境治理项目和产业开发项目作为一个整体项目，由一个市场主体整体实施，统筹推进[①]。只有通过一体化方式实施，才有可能在项目内部建立产业开发收益补贴生态环境治理投入的良性机制，确保EOD项目实施主体获得合理收益，实现产业开发收益对生态环境治理项目的反哺，使得生态环境治理项目有可能具备稳定的收益和可融资性。

（二）谋划和实施EOD项目的要点

基于生态环境问题导向、产业开发收益反哺、一体化实施等基本原则，谋划和实施EOD项目有以下几个要点。

（1）明确区域突出的生态环境问题。EOD模式中的生态环境项目应以解决区域生态环境突出问题为导向，清晰界定要解决的突出环境问题是谋划EOD项目的第一步，也是最为重要的基础，离开或偏离这个基础，EOD项目的谋划就成了"无源之水"，也背离了EOD模式的实施初衷。要结合发展规划、生态环境保护等专项规划，找准区域生态环境治理的突出问题、重点任务和重点方向，明确针对环境问题的保护及治理措施、治理方案，确定通过生态环境治理要实现的治理目标及具体量化指标；要结合区域生态环境治理需求，以解决区域突出的生态环境问题为导向，识别具有实施紧迫性强、生态环境效益高、对关联产业具有较强外溢效应的生态环境治理项目，明确项目实施边

---

① 逯元堂、赵云皓、辛璐、卢静、徐志杰：《生态环境导向的开发（EOD）模式实施要义与实践探析》，《环境保护》2021年第14期。

界，合理确定建设内容、建设规模。并非所有的生态环境治理项目均适用EOD模式实施，倘若无法释放环保产业有效需求、对关联产业的价值溢出效应不明显、生态产品价值转化机制不成熟，则该项目未必适用EOD模式。

（2）准确识别关联产业。基本判断标准主要有三个：一是关联性。即与区域突出生态环境问题治理有较强的关联性，产业与治理之间是相互依存的关系，关联产业对良好生态环境的依赖度高，获取产业开发收益要以良好生态环境为基础。二是收益性。产业开发项目具有较好的发展前景和收益空间，这是实现EOD项目整体投入与产出平衡的重要保障。三是适用性。产业开发项目应符合当地社会经济发展实际，符合发展规划、有关专项规划、相关产业政策和空间管控等各项要求。

基于上述"三性"标准，明确生态环境质量改善后价值提升的外溢流向，结合项目收益水平等综合测算，合理确定与之关联的产业开发项目的边界范围、建设内容等。就具体产业方向选择而言，思路之一是参考《关于鼓励和支持社会资本参与生态保护修复的意见》（国办发〔2021〕40号）鼓励和支持的生态产业方向进行谋划，具体包括循环农（林）业、生态旅游、休闲康养、自然教育、清洁能源及水资源利用、海洋生态牧场等产业，经济林产业和草、沙、竹、油茶、生物质能源等特色产业。从EOD试点项目（见表6-1）看，城市环境综合整治+土地利用、矿山修复治理+存量资源经营、农村人居环境整治+生态种养、荒山荒地综合整治+清洁能源等"治理+产业"组合较为典型。

表6-1 部分EOD试点项目关联产业选择和资金筹措

项目	"治理+产业"组合	资金筹措方案
重庆广阳岛EOD试点项目	城市环境综合整治+土地利用	项目由重庆广阳岛生态城投资发展有限公司投资—建设—运营一体化实施。生态环境综合治理与产业集聚区开发投资各占约50%。资金筹措中，市场主体自有资金（政府注资占55%）投资占总投资的23%，其他为债务融资。债务融资中，政府专项债占总投资的11%；国家开发银行贷款占总投资的66%，贷款期限20年
马鞍山矿山EOD试点项目	矿山修复治理+存量资源经营	项目由马鞍山市两山绿色生态环境建设有限公司采用BOT模式实施。项目资本金占总投资的20%，马鞍山市国资委代表政府出资50%，其余资本金主要为国家绿色发展基金出资组建合伙企业增资。项目融资方面，中国农业发展银行提供3年期"前期贷"+15～20年期"项目贷"。专项债方面，发行约占总投资22%的政府专项债。省财政厅每年投入长江经济带专项引导资金以及省级山水林田湖草项目基金，用于支持项目建设
山东日照美丽乡村EOD试点项目	农村人居环境整治+生态种养	生态环境治理与修复项目投资占总项目投资比例为23%。资金筹措方面，日照市水务集团有限公司自筹30%，70%的资金通过源水费质押贷款、林权抵押贷款，争取国开行、农发行等政策性银行贷款，以及国家涉农资金及生态文明建设专项资金等多元化的资金筹措渠道获得
库布其沙漠EOD试点项目	荒山荒地综合整治+清洁能源	生态环境治理投入占总项目投资金额的比例约为10%。项目公司自有资金比例约为21%，市场主体通过林权抵押贷款，欧投行、亚投行、德促行等国际金融组织贷款，国开行、农发行等国内政策性金融机构贷款，生态治理专项资金及信托、基金等渠道筹集资金比例为79%

资料来源：根据生态环境部环境规划院披露的信息整理。见赵云皓等《生态产品价值实现市场化路径研究——基于国家EOD模式试点实践》，《生态经济》2022年第7期。

（3）综合测算整体收益与成本。EOD强调生态环境治理项目与关联产业开发项目有效融合，就需要将生态环境治理项目与产业开发项目作为一个整体进行分析评价，对整体项目算好综合账，确保整体项目具有合理收益并实现项目整体收益与成本平衡。

根据生态环境部环境规划院的总结，EOD项目收益主要有四个渠道[①]：一是关联产业形成价值。通过提升周边生态环境质量，带动区域关联产业等发展从而形成相关经营收益。二是依托修复的土地进行产业开发获得收益。如对开展荒山荒地、黑臭水体、石漠化等综合整治的社会主体，在保障生态效益和依法、依规前提下，允许利用一定比例的土地从事生态产业开发而获取收益。三是生态资源的权益交易形成的收益价值，如通过生态环境治理，获得集体建设用地交易收益、生态林建设指标、能源资源配额指标等。又如，通过碳汇增量、排污权、用能权等资源权益指标交易的方式获得相关收益。四是生态补偿收益，主要依据生态保护补偿制度，获得中央和省级财政参照生态产品价值核算结果、生态保护红线面积等因素分配的资金，以及生态产品供给地从受益地按照自愿协商原则获得的横向生态保护补偿资金。

在分析测算项目收益以及产业开发项目自身成本、生态环境治理成本等综合账基础上，明确社会资本的合理回报水平。在保证合理回报的情况下，当EOD项目综合收益成本可以平衡时，EOD项目资金主要依靠市场主体通过多种方式筹措，不需要政府资金投入；当EOD项目收益难以覆盖全部投资、经营成本和合理利润时，除了市场主体投入外，政府也可通过资本金注入、投资补助等方式对项目实施予以支持。从部分EOD试点项目资金筹措方案（见表6-1）看，政府投入部分

---

① 赵云皓、徐志杰、辛璐、王志凯、卢静：《生态产品价值实现市场化路径研究——基于国家EOD模式试点实践》，《生态经济》2022年第7期。

的资金来源包括地方政府专项债券、本级预算资金、上级补助资金等。

为防范违规融资风险，需要政府投入的EOD项目，政府投入方式要合规。根据生态环境部印发的《生态环保金融支持项目储备库入库指南（试行）》（环办科财〔2022〕6号）的规定，除采用PPP模式推进的EOD项目外，其他类型的EOD项目均不得涉及运营期间政府付费，不得以土地出让收益、税收、预期新增财政收入等返还补助作为项目收益。

第三节 "X+EPC"模式

为筹措基础设施项目建设资金，规避各种监管风险，实务中不乏创新模式，也有一些曾经应用广泛的模式重新焕发活力，如基于EPC（设计采购施工总承包）的一系列衍生模式。对于各种推陈出新的投融资模式，要遵循实质重于形式的原则，审慎判断其合规性和可行性。

一、EPC模式的实质和适用范围

EPC又叫交钥匙总承包，是工程总承包的一种具体方式，是指工程总承包企业按照合同约定，承担工程项目的设计、采购、施工、试运行服务等工作，并对承包工程的质量、安全、工期、造价全面负责的工程建设组织实施方式。EPC的突出优势是实现设计、采购、施工各阶段工作的合理衔接，克服设计、采购、施工相互制约和相互脱节的矛盾。2003年，原建设部印发《关于培育发展工程总承包和工程项目管理企业的指导意见》（建市〔2003〕30号），将EPC作为一种主要的工程总承包方式予以推广。

EPC模式下，工程总承包企业要承担设计、采购、施工、试运行服务等义务，最终向业主提交一个满足使用功能、具备使用条件的工程项目，业主向工程总承包企业支付总承包价。但EPC只是一种工程建设组织实施方式，工程总承包企业并不承担融资和工程项目运营的责任。这就意味着EPC模式主要适用于建设资金完全到位或资金来源已经明确的项目，例如资金已到位的企业自建自营项目、已安排预算资金且不存在资金支付缺口的政府投资项目。

二、"X+EPC"模式的合规性

EPC模式本身不具备融资和运营功能，但在实操中一些工程总承包企业出于提升取得工程的竞争优势等考虑，会选择在传统的设计、采购、施工服务基础上，承担融资或运营业务，进而衍生出"F+EPC""投资+EPC""EPC+O""F+EPC+O""投资+EPC+O"等一系列同源模式。笔者将其统称为"X+EPC"模式。

（一）"F+EPC"模式

"F+EPC"模式的一般操作过程为：社会资本方（工程总承包企业或联合体）负责项目建设资金筹集和设计、采购和施工；项目建成后由政府部门（或其授权的实施主体，通常为地方政府融资平台公司）按照合同约定的投资收益，分期向社会资本方支付款项。

"F+EPC"模式如果用于企业自建自营项目，属于承包方向发包方提供商业信用，不涉及合规与否的判断。但如果用于政府投资项目，就存在合规性问题。(1)违反政府投资项目不得由施工单位垫资建设的禁令。2006年，原建设部、国家发展改革委、财政部、人民银行联合印发的《关于严禁政府投资项目使用带资承包方式进行建设的通知》

（建市〔2006〕6号）明确规定，政府投资项目一律不得以建筑业企业带资承包[①]的方式进行建设，不得将建筑业企业带资承包作为招投标条件。《政府投资条例》第二十二条再次明确"政府投资项目不得由施工单位垫资建设"。（2）属于地方政府违规融资行为。"F+EPC"模式下，项目建成后要移交给政府部门，不涉及运营环节，与被明令禁止的BT模式（政府委托建设并逐年回购）类似，涉嫌增加地方政府隐性债务。

对于实操中衍生出来的"F+EPC+O"模式，也就是在传统的EPC模式下前端增加融资功能、后端拓展运营功能。该模式下社会资本方的角色为工程总承包单位，而根据住建部、国家发展改革委联合印发的《房屋建筑和市政基础设施项目工程总承包管理办法》（建市规〔2019〕12号），工程总承包单位是施工单位，不是建设单位。因此，"F+EPC+O"模式仍然有悖"政府投资项目不得由施工单位垫资建设"的规定和要求。针对新增运营环节，还需要根据《政府购买服务管理办法》（财政部令2020年第102号）、《财政部关于坚决制止地方以政府购买服务名义违法违规融资的通知》（财预〔2017〕87号）等相关规定，从运营服务期限是否超过3年、政府支付的运营服务费用是否已列入预算、政府向社会资本方分期支付的款项（含建设成本、施工利润、资金占用成本等）是否固化等方面进行分析；如果政府向社会资本方分期支付款项且支付金额固化、无关绩效，或签订的政府购买服务合同履行期限超过3年，则可以判断属于政府违规融资行为。

（二）"投资+EPC"模式

"投资+EPC"模式的一般操作过程为：地方政府通过招标方式选择

---

① 带资承包是指建设单位未全额支付工程预付款或未按工程进度按月支付工程款（不含合同约定的质量保证金），由建筑业企业垫款施工。

社会资本方，投资牵头人与设计单位、施工单位组成联合体参与投标，并在中标后组建项目公司，负责合作区域内的项目投融资、建设及运营，项目完成后移交给政府部门或其授权单位，地方政府在合同约定期内分期向社会资本方支付款项[①]。

《政府投资条例》规定的"政府投资项目不得由施工单位垫资建设"情形，要求符合"政府投资项目""施工单位垫资"两个基本条件。"投资+EPC"模式中社会资本方的角色发生变化，不再是施工单位而是投资人，要承担出资责任，不属于《政府投资条例》禁止的情形。事实上，不少合规的PPP项目采用了EPC模式，社会资本方独资或与政府出资代表共同出资成立项目公司并承担融资责任，政府根据合同约定按效付费。

尽管"投资+EPC"模式不违反"政府投资项目不得由施工单位垫资建设"的规定，但仍需要从以下四个方面判断是否合规：（1）社会资本方是否承担项目运营责任。如果社会资本方实际只承担项目建设、不承担运营责任，实质上与BT模式没有多大区别，存在违规融资的嫌疑。（2）是否为"真投资"。在"投资+EPC"模式下，真正的投资要求作为投资人的社会资本负责项目投资、建设、运营并承担相应风险，如果由政府实际兜底项目投资建设运营风险，不能作为真正的投资，而是类似于"名股实债"。（3）财政资金来源是否合规。如果采用PPP模式，财政支出要纳入预算管理，同时根据财金〔2019〕10号文件，政府性基金预算、国有资本经营预算不能作为"投资+EPC"项目政府付费或可行性缺口补助的来源。如果采用其他模式，须注意向社会资本方支付的财政资金来源是否符合预算管理的相关规定，核心原则是先有预算后支付、

---

① 借鉴了朱静、李恒新在《片区开发合规要点与实操指南》（知识产权出版社，2021年10月版）一书中提出的观点。

不能延期支付。(4)政府支出责任是否固化。政府方（或其授权的实施主体）向社会资本回购投资本金、承诺固定回报或保障最低收益，政府支出事项与项目产出绩效脱钩等情形会被判定为提前锁定、固化政府支出责任。

第七章 重点领域投融资模式

本章在阐述基础设施投融资典型模式的基础上，基于行业领域维度，进一步分析与行业特征相适应的投融资模式。近年来，我国基础设施投资结构的一个特征是，水利、环境和公共设施管理业投资在基础设施投资（广义统计口径）中逐渐趋于主导地位，2021年其投资占比达到45%左右。在水利、环境和公共设施管理业内部，公共设施管理业和水利工程两个细分行业的投资占比相对较大（合计约占90%）。为此，本章着重选择城市基础设施和水利工程两个重点领域，深入探讨投融资模式。

第一节　城市基础设施投融资模式

城市基础设施是保障城市正常运行和健康发展的物质基础，对更好推进以人为核心的城镇化建设具有重大意义。尽管近年来我国城市基础设施投资增长较快，城市基础设施供给能力和水平快速提升，但客观来看，城市基础设施领域仍存在较多短板，体系化水平、设施运行效率和效益仍有待提高，安全韧性亦有所欠缺。为满足我国城市基础设施庞大的投融资需求，亟须优化和创新投融资模式，实现多渠道筹措资金。

一、城市基础设施投资需求庞大

按照《城市规划基本术语标准》（GB/T 50280—98）的解释，城市基础设施是城市生存和发展所必须具备的工程性基础设施和社会性基础设施的总称。城市基础设施是一个综合系统，具体包括城市交通系统、城市水系统、城市能源系统、城市环卫系统、城市园林绿化系统、城市信息通信系统等多个子系统①。各个子系统以特定的方式直接或间接参与城市的生活、生产过程。

从上述定义可以看出，城市基础设施涉及面较广。目前没有专门且全面的权威指标来衡量城市基础设施投资完成情况，从国民经济行业分类看，公共设施管理业统计范围②与城市基础设施内容较为接近。为考察我国城市基础设施投资与城镇化等因素的关系，笔者用公共设施管理业投资来估算城市基础设施投资。基于国家统计局公布的数据测算，城市基础设施投资占全国固定资产投资的比重从2004年的6.4%提升至2021年的12.5%，占GDP的比重则从2004年的2.4%上升至2021年的6.0%，城市基础设施投资整体呈现扩张态势。

截至2021年底，全国常住人口城镇化率为64.72%，城镇化红利还有较大挖掘空间。预计到2035年，全国城镇化率将超过70%③。从当前情况看，随着新型城镇化进程加快，城市基础设施和公共服务短板日益凸显，特别是小城市和县城在公共卫生、人居环境、公共服务、市政设施、产业配套等方面的短板弱项尤为明显，发展总体滞后，综合承载能力和治理能力相对较弱。为提高城市对经济发展和农业转移人口城镇化的支撑作用，需不断提升城市综合承载能力，特别

---

① 《"十四五"全国城市基础设施建设规划》明确了各个子系统的发展目标。
② 包括市政设施管理、环境卫生管理、城乡市容管理、绿化管理、城市公园管理等。
③ 国内有多个机构曾对2035年我国城镇化水平作过预测，结果不一，但大多认为2035年常住人口城镇化率将突破70%。例如，中国社会科学院财经院创新工程重大成果《中国城市竞争力第17次报告》预计2035年我国城镇化率将达到70%以上；根据光华思想力课题组测算，到2035年，我国城镇化率将达75%～80%。

是提升县城公共设施建设水平和服务能力，这势必催生大量城市基础设施投融资需求。

对城市基础设施项目进行分类是设计投融资模式的前提。秉持简单易行的原则，根据经营属性分类标准，可将城市基础设施划分为经营性项目、准经营性项目和非经营性项目三大类。不同类型城市基础设施项目的收费机制、经营收入对投资成本的覆盖程度等存在差异，适用不同的投融资模式。

二、城市基础设施领域经营性项目投融资模式

城市基础设施领域经营性项目的典型特征是具有明确的收费基础，并且经营收费能够完全覆盖投资成本，如城市燃气、电力、高端养老设施等非基本公共服务。根据项目垄断性和公益性，城市基础设施领域经营性项目还可以分为特许经营项目和商业化项目两大类。

商业化项目与社会公共利益没有直接关系，也不涉及公共资源配置，可以完全由社会资本投资建设和运营，并由社会资本方通过市场化方式取得土地等资源要素。服务价格由市场供需决定，相应的需求风险也由社会资本承担。高端养老设施、营利性民办幼儿园、托育服务等即属于这类可以商业化的项目。

城市基础设施领域更多的经营性项目类型是特许经营项目。我国的特许经营模式经历了两个阶段。第一个阶段始于2002年，原建设部在市政公用行业的六大领域（城市供水、供气、供热、污水处理、垃圾处理及公共交通）推行特许经营改革，由政府授予企业在一定时间和范围对某项市政公用产品或服务进行经营的权利（即特许经营权），期望借此加快推进市政公用行业市场化进程。从事后看，这个阶段的特许经营改革成效非常显著，2014年前落地的3000多个特许经营项目多数发生在这

个阶段，也成功培育了一批市政基础设施投资运营企业。伴随着2014年掀起的PPP热潮，特许经营迎来第二个发展阶段。2015年，由国家发展改革委牵头联合财政部等五个部门，共同印发了《基础设施和公用事业特许经营管理办法》（国家发展改革委2015年25号令），将特许经营的适用范围拓展至能源、交通运输、水利、环境保护、市政工程等基础设施和公用事业领域。

特许经营项目有三个核心特征：（1）需求风险由社会资本承担。项目投入运营后，社会资本面向直接受益的使用者经营和收费。使用者实际需求量可能低于预期，由此产生的风险由社会资本承担。（2）提供的产品和服务直接关系社会公共利益。为保障公共利益，政府要予以多个维度的监管，例如，公共服务质量要符合绩效考核标准、强化价格监管等。这与政府对商业化项目主要基于统一市场和公平竞争的监管本质完全不同。（3）垄断经营。不同于自由竞争出现的垄断行为，特许经营垄断既可能源于项目所提供产品和服务伴生的网络经济属性而产生的自然垄断性，也可能完全源于政府行政权力或法律法规授予的独占地位。无论哪种来源，特许经营涉及的垄断性因涉及公共利益和有限公共资源配置，均需要政府确认。

选择城市基础设施领域经营性项目投融资模式时，首先要分析项目特征和属性。若项目本身不具有垄断经营特征，也不关乎公共利益，就不适用特许经营模式，地方政府要做的是依法放开建设和运营市场，取消各种形式的行政垄断，基础设施建设运营交由市场主体自主决策、自主承担风险。如果该项目具有特许经营特征，由政府采用竞争方式依法授权社会资本，通过协议明确权利义务和风险分担，约定其在一定期限和范围内投资建设运营基础设施和公用事业并获得收益。

三、城市基础设施领域准经营性项目投融资模式

城市基础设施领域准经营性项目主要提供基础性、公益性产品和服务，且通常具有资本投入量大、关乎民生、难以形成有效竞争等特点。因此，为保障公共利益，对于城市重要公用事业、公益性服务行业，要么由地方政府无偿提供公共服务，如城市道路、城市垃圾转运站等，要么由政府对这些行业的价格进行监管。价格水平是影响城市基础设施项目经营收入的主要因素，不仅与投资者的利润水平密切相关，而且在相当程度上影响了社会资本的积极性。在现行政府价格监管模式下，政府定价往往优先考虑服务的公共属性和城市居民的承受能力，价格形成与调整机制还不够完善，从而使得城市基础设施和公共服务价格缺乏预期，具有相当大的不确定性和不可控性。从既有项目的调价实践看，各地政府对城市轨道交通、城市供水等公共产品的调价往往滞后于市场变化，导致这类项目虽有经营收入但通常不足以覆盖投资成本。

（一）建立合理投资回报机制

城市基础设施准经营性项目投融资模式设计的关键是建立合理投资回报机制，既要使社会资本获得合理投资回报，也要有效防止政府和使用者负担过重。概括而言，建立合理投资回报机制有三类路径：（1）从使用者付费角度，通过推进城市基础设施领域的价格改革、合理确定价格收费标准、依法适当延长特许经营年限等措施优化使用者付费机制，扩大经营收入；（2）从政府角度，政府采取资本金注入、直接投资、投资补助、贷款贴息、运营补贴，以及政府投资股权少分红、不分红等多种方式支持项目实施，或配置项目周边的土地、砂石料、旅游、矿产、森林等国有资源；（3）从第三方付费角度，充分挖掘项目运营商业价值，

拓展项目收益增长点。第三方付费的典型案例是德国柏林公共厕所特许经营项目，经营该项目的瓦尔公司将公共厕所免费对市民和游客开放，但通过打造极具设计感的公共厕所品牌形象、植入游戏动漫等元素、提供优质服务以及设计独特的广告创意，提高市民和游客对公共厕所的使用量、满意度和停留时间，进而吸引广告投放，获取收益。

（二）典型细分领域投融资模式——以城市轨道交通项目为例

城市轨道交通是现代城市交通系统的重要组成部分，是城市公共交通系统的骨干，存在投资巨大、公益属性明显等典型特征，属于典型的城市基础设施准经营性项目。

目前，各国和地区极少有仅靠客运票务业务就能获得良好盈利水平的城市轨道交通项目典型案例，即便是被称为成功典范的港铁公司，其利润来源也主要依赖物业租赁、广告利润等非票务收入。根据港铁公司2020年年报，香港客运业务收入占经常性收入总额的28%，但EBIT（息税前利润）亏损54亿港元，香港物业租赁及管理业务、车站商务业务的收入仅占11.9%、7.7%，但EBIT分别达到41.8亿、25.0亿港元。

从城市轨道交通的技术经济特征看，要形成投资、补贴与价格的协同机制，拓展票务、物业、车站商务等多元收入来源，才有可能构建相对稳定、可靠的合理投资回报机制，形成可持续的投融资模式。根据交易结构划分，城市轨道交通项目投融资模式可划分为两大类。

1. "政府投资+银行贷款"投融资模式

"政府投资+银行贷款"投融资模式是目前国内各城市轨道交通项目最主要的投融资模式。从近十多年来国家发展改革委批复的城市轨道交通项目可行性研究报告或建设规划来看，项目资本金来源主要为政府财政投入，项目资本金以外的资金来源，主要通过银行贷款等渠道解决。

在"政府投资+银行贷款"投融资模式下，城市轨道交通项目投融资基本遵循以下路径：

首先，政府出资成立城市轨道交通公司，赋予其承担城市轨道交通建设项目的投融资和资本运营的任务。例如，北京市基础设施投资有限公司、上海申通地铁集团有限公司、深圳市地铁集团有限公司、武汉地铁集团有限公司、广州地铁集团有限公司等。

其次，政府承担轨道交通项目资本金（约40%），轨道交通公司负责通过间接融资、直接融资等多种渠道筹措资本金以外的资金（见表7-1）。其中，银行贷款是最主要的外部资金来源，其次是债券、中期票据等直接债务融资工具。

表7-1　"政府投资+银行贷款"投融资模式下城市轨道交通项目资金来源

	资金主体		主要资金来源	典型案例
项目资本金	政府投资		轨道交通专项资金	多数项目
			土地出让收入	
			其他	
项目资本金以外资金来源	国内间接融资	政策性银行	银行（团）贷款等	多数项目
		商业银行		
	国内直接融资	机构及个人投资者	企业债券、中期票据、短期融资券等	2013年北京市基础设施投资有限公司发行企业债券募集28个亿用于北京市地铁6号线工程等8个项目
			发行股票	上海申通地铁集团控股子公司申通地铁2001年实现借壳上市
			保险资金债权投资计划	2009年北京地铁10号线项目通过该方式融入30亿

续表

资金主体	主要资金来源	典型案例
	信托计划	2007年北京轨道交通机场线项目和5号线项目运用信托方式从全国社保基金融入10亿元
外资 外国政府、国际金融组织、企业、机构投资者、个人投资者等	外国政府贷款	2009年重庆市轻轨一号线一期工程和三号线一期工程项目使用日本不附带条件贷款227.5亿日元和德国促进性贷款1亿欧元
	出口信贷	2006年北京地铁5号线项目利用出口信贷（由英国汇丰银行提供）采购价值8000万美元的进口设备

再次，城市轨道交通公司作为项目业主，委托专业化的建管公司建设轨道交通新线项目，建成后自营或委托专门的运营公司运营管理地铁线路。

最后，地铁运营期间，政府给予多种形式的补贴，如提供运营亏损补贴甚至直接承担贷款还本付息资金等。

"政府投资+银行贷款"投融资模式在城市轨道交通建设项目实施过程中无疑具有决策、执行、协调等方面的突出优势，但该模式对项目业主的融资能力形成极大挑战。城市轨道交通是典型的资金密集型项目，具有投资额度大、建设周期长、运营成本高等特点，而"政府投资+银行贷款"投融资模式因投资主体单一、融资来源单一等局限性，难以完全满足城市轨道交通快速发展对资金的巨大需求，也给政府财力带来较大压力。《国务院办公厅关于进一步加强城市轨道交通规划建设管理的意见》（国办发〔2018〕52号）明确规定，除城市轨道交通建设规划中明确采用特许经营模式的项目外,项目总投资中财政资金投入不得低于40%,严禁以各类债务资金作为项目资本金。在"政府投资+银行贷款"融资模式下,城市轨道交通项目最低资本金比例要求要明显比其他基础设施项目严苛,建设资金尤其是项目资本金筹措难度加大。

城市轨道建设项目高投入、低财务回报、高风险的特点决定了城市轨道交通建设需要长期、追求低回报的资金投入。从金融市场看,这类长期资金的提供者主要是社保基金和保险公司等既有长期稳定资金来源又追求投资回报安全稳定的机构投资者。按照此思路,要着力改变"政府投资+银行贷款"模式下投资主体和融资来源较为单一的现状,转向"政府投资+社会投资+债券资金"的多元融资模式;要加快从间接融资转向间接融资与直接融资相结合,尤其是要大力利用债券融资;要从主要依赖银行(团)贷款转向更多地利用社保资金和保险资金等长期资金来源。

2. PPP模式

为引导社会资本参与、拓展资金来源、缓解政府投资压力,一些城市轨道交通项目采用PPP模式实施。从实际情况看,部分城市轨道交通PPP项目取得良好的实施效果,也有一些项目实施受阻。

(1)北京地铁4号线项目

北京地铁4号线项目是我国城市轨道交通领域首个PPP项目。项目工程投资建设划分为A、B两个相对独立的部分。项目总投资中洞体、车站等土建工程部分(A部分资产,约占项目总投资70%)由北京市政府委托北京市基础设施投资有限公司(简称"京投公司")负责投资建设;车辆、信号等设备资产(B部分资产,约占项目总投资30%)由北京京港地铁有限公司(简称"京港地铁")[①]投资建设。项目建成后A部分资

[①] 京港地铁公司成立于2006年,由北京首都创业集团有限公司和香港铁路有限公司各出资49%,北京市基础设施投资有限公司出资2%组建。

产以租赁方式提供京港地铁使用,京港地铁负责整个地铁4号线的运营管理、全部设施(包括A和B两部分)的维护、除洞体外的项目资产更新以及站内的商业经营。30年特许经营期限届满,京港地铁将B部分项目设施完好无偿地移交给市政府指定部门,将A部分项目设施归还京投公司。

北京地铁4号线项目是国家发展改革委推荐的PPP典型案例之一[①],在我国城市轨道交通领域首次探索和实施了PPP模式,实现了北京市轨道交通行业投资和运营市场主体多元化突破,其模式也成为其他城市实施轨道交通PPP项目的范例。北京地铁4号线项目政府方和社会投资人的顺畅合作,得益于项目构建了精巧的收益分配机制及风险分担机制,在社会资本方的经济利益和政府方的公共利益之间找到了有效平衡点。一方面,以测算票价为基础,特许经营协议中约定了相应的票价差额补偿和收益分享机制。如果实际票价收入水平低于测算票价收入水平,市政府就按其差额给予特许经营公司补偿;若实际票价收入水平高于测算票价收入水平,特许经营公司就按其差额的70%返还给市政府。另一方面,构建了客流机制,即当客流量连续3年低于预测客流80%,特许经营公司可申请补偿或者放弃项目;当客流量超过预测客流时,市政府分享超出预测客流量10%以内票款收入的50%、超出客流量10%以上票款收入的65%。

(2)伦敦地铁项目[②]

为改变地铁投资严重不足、基础设施老化的局面,20世纪90年代中期英国保守党政府曾提出地铁私有化计划。尽管PPP计划受到不少质疑,

---

① 韩志峰:《中国政府和社会资本合作(PPP)项目典型案例》,中国计划出版社,2018年2月版。

② 案例基本素材资料主要参考了United Kingdom. National Audit Office. The Failure of Metronet: Department for Transport. The Stationary Office, London UK, 2009。

但最终还是被付诸实施。经过4年多的论证和试行，2003年4月，PPP合同正式签署，伦敦地铁公司（LUL）[①]将地铁系统维护和基础设施供应工作以特许经营方式转给了Tube Lines和Metronet两个私人联合体，两者分别负责JNP和SSL、BCV地铁线路组团（Line Groups）基础设施的维护、改造和升级。出于安全和公共利益的考虑，伦敦地铁的运营和票务依然由伦敦地铁公司控制。伦敦地铁公司每年向Tube Lines和Metronet支付基础设施服务费。英国政府实施伦敦地铁PPP项目的初衷在于缓解政府支出压力。

然而，伦敦地铁PPP项目实施得并不顺利。2007年，两个联合体中的Metronet因成本远超预期等原因陷入经营困境，最后只能由伦敦地铁公司完全接管，其95%的未兑付债务也由伦敦地铁公司承担。2010年，另一个联合体Tube Lines也因陷入经营困境被伦敦交通局接管成为其全资子公司。至此，伦敦地铁PPP项目失败，重新回归国营。伦敦地铁PPP项目最终失败的原因主要有以下几点。

一是绩效评价标准不明确、不清晰。PPP计划涉及联合体需要完成的诸多相对独立且差异性较大的建设工程，但相关合同并没有对维护、更新和升级工程是否经济和有效的判定标准作出明确、清晰的规定，导致PPP项目实施过程中相关利益方出现非常大的分歧。

二是有关融资的合约安排没有充分体现经济有效、风险合理分担的原则。使用PPP模式的初衷之一是减少政府支出，而在伦敦地铁PPP项目中没有体现这一点。联合体从股东、股东投资的银行以近20%的收益率水平筹措资金；若由政府部门通过发行政府债券融资，融资成本仅4%～5%。仅此一项伦敦地铁PPP项目就多增加4.5亿英镑的资金成

---

① 2003年英国交通部将伦敦地铁公司（LUL）移交伦敦交通局（Transport for London，TfL）接管。TfL是负责管理英国首都大伦敦区主要运输系统的地方政府机关。

本。这是导致后来联合体的经营成本远超预期的重要原因。此外，债务融资的95%由英国交通部提供最后担保，风险主要集中在公共部门。Metronet被接管时英国交通部不得不拨款17亿英镑帮助伦敦地铁公司偿付Metronet的未偿付债务。

三是缺乏良好的内部管理制度和外部监督机制。以Metronet为例，Metronet的股东是BCV、SSL工程的主要供应商。这导致联合体很难掌握高质量的成本信息和管理数据，也无力去监测成本变动情况并控制成本，股东则从供应链上的关联交易中牟利。外部监督同样存在问题。英国交通部为联合体的外部债务融资提供担保，但其缺乏风险管控的必要手段，仅依赖于伦敦交通局和伦敦地铁公司的间接监控。遗憾的是，伦敦交通局和伦敦地铁公司同样未能有效掌握有关联合体成本和运营的相关数据和信息，导致外部监管没有发挥预期作用。

四、城市基础设施领域非经营性项目投融资模式

城市基础设施领域还有大量非经营性项目，如城市道路、垃圾转运站、堆肥填埋场、渗沥液处理厂等。对于此类项目，各地曾盛行采用BT、政府购买服务等模式实施。随着政府融资合规性要求趋于严格，BT已被认定为违规融资模式；政府购买服务实施范围被严格限定在《中华人民共和国政府采购法》确定的服务范围，不得包含原材料、燃料、设备、产品等货物，以及建筑物和构筑物的新建、改建、扩建及其相关的装修、拆除、修缮等建设工程[①]。非经营性项目通常涉及建设工程和设备升级改造，不再适用政府购买服务模式。在新形势下，需要寻找替代模式。

---

① 《关于坚决制止地方以政府购买服务名义违法违规融资的通知》（财预〔2017〕87号）。

一种可行思路是转向PPP模式。对于财政支出责任占比低于5%的地区，可以谋划纯政府付费PPP项目，关键环节是构建完善的按效付费机制，将政府付费与项目产出绩效严格挂钩。对于财政支出责任占比超过5%（且不超10%）的地区，通过与经营性项目捆绑打包，谋划有较大使用者付费比例（不低于10%）的项目。以城市环卫一体化项目为例，可以将前端没有收益的清扫、收运和后端的垃圾处置捆绑实施。

五、特许经营模式在城市基础设施领域的应用

供水、供气、供热等城市基础设施领域既是较适合特许经营模式的领域，也是应用案例最多的领域。一方面，上述领域具备良好的使用者付费机制，经营属性突出；另一方面，又呈现出显著的自然垄断性，潜在市场进入者面临极高的准入门槛。然而，特许经营模式的应用并非总是成功的，过去30年中，失败的特许经营项目并不罕见，其给新建城市基础设施项目应用特许经营模式提供了诸多启示。

（一）特许经营模式操作要点

实务中，特许经营项目操作有几个关键要点。

一是特许经营可行性评估。根据《基础设施和公用事业特许经营管理办法》，特许经营可行性评估重点包括：（1）特许经营项目全生命周期成本、技术路线和工程方案的合理性，可能的投融资方式、投融资规模、资金成本，所提供公共服务的质量效率，建设运营标准和监管要求等。这涉及特许经营方案和传统公建公营方案的比选，旨在评估特许经营模式能否增加供给、优化风险、提高效率；（2）相关领域市场发育程度，市场主体建设运营能力状况和参与意愿。市场竞争充分程度影响特许经营者选择方式，如果有关领域市场比较充分，应通过招标方式选择

特许经营者;(3)用户付费项目公众支付意愿和能力评估。这涉及收益取得方式、价格和收费标准的确定方法以及调整机制。

二是特许经营授权路径。从城市基础设施领域特许经营现状和相关政策来看,特许经营权的授予方式主要有以下两种:(1)对于新建项目,通过竞争方式授予特许经营权。《基础设施和公用事业特许经营管理办法》明确要求,"实施机构根据经审定的特许经营项目实施方案,应当通过招标、竞争性谈判等竞争方式选择特许经营者"。在实操中,政府授权有关部门根据政策要求,通过发布招标公告等竞争方式公开选择特许经营者,社会资本可以按照公告规定的程序参与项目投标,与其他企业公平竞争。(2)对于存量项目,比较常见的情况是通过直接委托方式授予特许经营权。其主要依据是原建设部《关于加快市政公用行业市场化进程的意见》(建城〔2002〕272号)的有关规定,"现有国有或国有控股的市政公用企业,应在进行国有资产评估、产权登记的基础上,按规定的程序申请特许经营权。政府也可采取直接委托的方式授予经营权,并由主管部门与受委托企业签定经营合同"。值得注意的是,通过直接委托方式授予特许经营权尚存争议,一种常见观点认为直接授权方式不符合《基础设施和公用事业特许经营管理办法》通过竞争方式选择特许经营者的规定。也有观点认为,上述办法主要针对投资新建或改扩建基础设施和公用事业的情形[①],并没有限制存量项目的授权路径。

三是特许经营协议要明确时间与空间上的排他性。特许经营权对企

---

① 第五条规定"基础设施和公用事业特许经营可以采取以下方式:(一)在一定期限内,政府授予特许经营者投资新建或改扩建、运营基础设施和公用事业,期限届满移交政府;(二)在一定期限内,政府授予特许经营者投资新建或改扩建、拥有并运营基础设施和公用事业,期限届满移交政府;(三)特许经营者投资新建或改扩建基础设施和公用事业并移交政府后,由政府授予其在一定期限内运营;(四)国家规定的其他方式"。

业而言是具有垄断性和排他性的经营权利，其以契约的方式明确企业的服务区域、运营义务、考核标准、收费权等独占权利。为保障企业垄断性和排他性的经营权利，特许经营权授予不是靠一个简单的红头文件就可以解决问题的，政府应当在特许经营协议中就防止不必要的同类竞争性项目建设等事项作出承诺。

（二）典型案例

1.重庆市主城区北部片区供水项目

2002年，重庆中法供水有限公司（由重庆市水务集团和中法水务投资有限公司共同出资成立的项目公司）获得了供水特许经营权，负责在重庆市主城区北部片区提供供水服务及负责供水设施的建设、经营、维护和更新等事宜，特许经营期到期后项目公司无条件地将特许经营权交还市政府，其资产按合作经营合同的相关约定处理。根据特许经营授权书，重庆市政府同意在特许经营权期限内不再批准任何个人和企业进入特许经营区域从事供水服务，确保项目公司实现排他性经营；项目公司应当向该区域内"所有愿意接受服务且愿意支付价格的人提供充分、连续和质量合格的服务（规模承包）"。

重庆市主城区北部片区供水项目是国家发展改革委推荐的PPP典型案例之一[1]。该项目将"独家经营权利"与"普遍服务义务"挂钩的做法对项目成功实施产生了积极影响。重庆市主城区北部片区供水项目采用了"企企合作+行政许可"的交易结构，即以政府行政许可形式出现的特许经营授权书对项目关键内容和原则作出规定；资产性、技术性、指标性、操作性等内容则下沉至水务集团与中法水务投资有限公司的合作

---

[1] 韩志峰：《中国政府和社会资本合作（PPP）项目典型案例》，中国计划出版社，2018年2月版。

协议中加以约定，形成了一个纵横关联且互不侵扰的关系界面。特许经营授权书规定，项目公司享有独家经营权利的前提是必须在特定区域内提供充分服务。

2. 刺桐大桥BOT项目

刺桐大桥BOT项目是我国最早引入本土民营企业的城市路桥BOT项目，开创了我国本土民营企业为主组建SPV投资基础设施项目建设的先河，但该项目在特许经营期间出现了很多难题和争议。为缓解跨越晋江的交通压力，经泉州市政府批准同意，1994年，民营企业（名流公司）与泉州市政府授权投资的泉州市路桥开发总公司按6：4的出资比例成立泉州刺桐大桥投资开发有限公司，采取BOT模式建设运营刺桐大桥，经营期限为30年（含建设期）。刺桐大桥建成通车后，市政府又先后建成了多座跨越晋江且免费通行的路桥，对收费的刺桐大桥项目利益产生竞争性分割。作为社会资本方的民营企业和政府之间的项目争端由此产生[①]。

刺桐大桥BOT项目启动之时，国内正处于特许经营模式的探索阶段，成功案例极少。无论是民营企业还是政府，都没有认识到一份完备的特许经营协议的重要性，双方合作关系主要靠红头文件维系，其法律效力很低。在项目实施和利益博弈过程中，政府部门很容易将自身意志强加给私人部门，私人部门作为弱势的一方，特许经营权利难以得到法律和契约的有效保护，使私人部门往往成为很多额外风险的承担主体。

3. 海南中石油昆仑港华燃气有限公司等与儋州市政府行政许可纠纷案

2003年，儋州市政府批复同意儋州畅通公司（后被海南华油燃气有限公司全资收购并成立港华燃气公司儋州分公司）在儋州市开发建设天

---

① 根据公开资料整理。贾康等（2014）曾撰写《泉州刺桐大桥BOT项目调研报告》，对项目争议来龙去脉做过详尽介绍。

然气管道燃气工程项目。后儋州市滨海新区管理委员会又与中海油管道公司签订了《关于投资建设儋州滨海新区燃气管网供气工程协议》，该协议经儋州市政府确认有效。港华燃气公司、港华燃气公司儋州分公司认为儋州市政府做出的行政许可行为侵犯其在儋州行政区域内排他性的燃气供气经营权和建设开发权及财产权。海南省高级人民法院终审认为，合作期间政府出具的"72号批复"、"247号复函"和"187号批复"等批文，均未明确港华燃气公司儋州分公司在儋州市行政区域内具有排他性的燃气供气经营权和建设开发权，由此，港华燃气公司儋州分公司主张其在儋州市行政区域内具有排他性的燃气供应经营权和建设开发权没有事实依据和法律依据[1]。

特许经营项目的基础是特许经营权，通常情况下，特许经营权具有排他性，即政府在特许经营期限内不会就项目合同项下的全部或部分内容与其他任何个人和企业在特许经营区域开展合作。然而，这种排他性权利不是天然存在的。在本项目中，海南省高级人民法院就认为，我国法律、法规等并无特许经营权即为排他性经营权的规定。因此，要确保特许经营权的排他性，双方应当就特许经营权的权利范围及保障措施在协议中予以明确约定，这是认定项目唯一性的依据。

第二节　水利工程项目投融资模式

近年来，水利工程建设全面提速，2016年至2020年，全国水利建设

---

[1] 案例资料引自黄华珍《规则与启示：特许经营PPP裁判规则解读与适用》，北京大学出版社，2017年12月版。

累计完成投资约3.5万亿元[①]，年均投资额7000亿元，比"十二五"年均投资额提高了71%。在水利改革发展过程中，全国水利工程项目筹措建设资金的能力不断增强，但资金供求差距依然存在。随着"十四五"时期水利重大项目建设力度加大、节奏加快，项目建设需求越来越大，创新投融资模式、提升投融资能力，成为"十四五"时期乃至更长一段时间水利工程建设投融资的关键举措。

一、水利建设投资资金来源现状

水利工程是用于控制和调配自然界的地表水和地下水，达到除害兴利目的而修建的工程。水利工程按照工程性质可以分为三大类，即枢纽工程、引水工程和河道工程[②]。枢纽工程具体包括水库、水电站、大型泵站、大型拦河水闸、其他大型独立建筑物等；引水工程包括供水工程和灌溉工程（1）类，其中，灌溉工程（1）类是指设计流量大于或等于5立方米/秒的灌溉工程；河道工程包括堤防工程、河湖整治工程和灌溉工程（2）类，其中，灌溉工程（2）类是指设计流量小于5立方米/秒的灌溉工程和田间工程。此外，涉及农田水利的水利工程还包括水土保持工程，即防治山区、丘陵区、风沙区水土流失，保护、改良与合理利用水土资源，并充分发挥水土资源的经济效益和社会效益的相关工程。

水利工程领域的经营性项目相对较少，多为具有非经营性或准经营性属性的项目，公益性突出而收益不足。由于上述特征，目前全国水利

[①] 根据历年《全国水利统计公报》披露的水利投资统计数据计算。
[②] 水利部水利建设经济定额站：《水利工程设计概（估）算编制规定（工程部分）》，中国水利水电出版社，2015年2月版。

建设投资高度依赖于政府投入。根据2011年至2020年水利建设投资资金来源（见表7-2）分析，政府投资平均占比82%，其中相对较低的2017年，政府投资占当年水利建设投资的比重约74.8%，相对较高的2015年，政府投资占比甚至高达89.7%。从中央和地方投资投入结构看，中央政府投资[①]占比总体呈下降趋势，从2011年的46.5%降至2020年的21.8%，而同期地方政府投资占比则从39.7%上升至59.3%。

表7-2　2011-2020年水利建设投资完成额及其资金来源

年份	完成水利建设投资（亿元）	中央政府投资	地方政府投资	国内贷款	利用外资	企业和私人投资	债券	其他投资
2011年	3086.0	46.5%	39.7%	8.8%	0.1%	2.4%	0.1%	2.4%
2012年	3964.2	51.3%	36.9%	6.7%	0.1%	2.9%	0.1%	2.0%
2013年	3757.6	46.0%	41.0%	4.6%	0.2%	4.3%	0.1%	3.8%
2014年	4083.1	40.4%	45.6%	7.3%	0.1%	2.2%	0.0%	4.3%
2015年	5452.2	42.8%	46.9%	6.2%	0.1%	3.5%	0.0%	2.4%
2016年	6099.6	27.5%	47.5%	14.4%	0.1%	7.0%	0.1%	3.4%
2017年	7132.4	24.6%	50.2%	13.0%	0.1%	8.4%	0.4%	3.3%
2018年	6602.6	26.5%	49.4%	11.4%	0.1%	8.6%	0.6%	3.4%
2019年	6711.7	26.1%	52.0%	9.5%	0.1%	8.8%	0.1%	3.5%
2020年	8181.7	21.8%	59.3%	7.5%	0.1%	8.4%	1.1%	1.8%

数据来源：根据水利部历年《全国水利发展统计公报》统计。

政府投资以外的债务性资金，主要通过银行贷款方式筹措，而通过

---

① 具体包括中央预算内水利投资和中央财政水利发展资金两大渠道。以2021年为例，当年累计安排的中央水利建设投资中，中央预算内水利投资和中央财政水利发展资金分别占60.8%和39.2%。

债券等融资方式融入的资金规模极少,在2020年完成的水利建设投资中仅占1.1%。此外,近年来,企业和私人投资占比有一定幅度的增加,2020年达到8.4%且首次超过国内贷款占比。这也反映出国内水利工程项目投资尽管仍以政府投资为主,但已有越来越多的社会资本参与进来,提高了投资主体多元化程度。

二、水利工程项目投融资模式设计思路及典型案例

据一些市场机构和业内专家测算,"十四五"时期,全国水利投资规模将达到5万亿元[①]。若各渠道仅维持"十三五"时期资金投入规模,水利建设资金可能面临约1.5万亿缺口,融资需求巨大。因此,在加大政府投入力度的同时,还要积极创新投融资模式,拓展资金来源。

(一)设计投融资模式的基本思路

因地制宜、分类施策,根据各地区经济社会发展水平和不同类型水利工程项目特点,选择差异化模式和策略,拓宽融资渠道。

(1)非经营性水利工程项目。对于堤防工程、河道整治工程、蓄滞洪区安全建设、贫困地区人畜饮水、水文设施等非经营性水利工程项目,自身没有收益,应以政府投入为主,根据权属关系和事权划分,建立健全各级政府投入机制。在加大政府投入的同时,还可以积极探索通过多种渠道增加非经营性水利工程项目投入。

---

① 根据证券分析师陈显顺、陈熙淼在国泰君安研究报告《水利基建发力在即,结构性亮点更突出——"稳增长,兴基建"系列四》(2022年1月11日)中披露的测算结果,"十四五"时期全国水利投资规模将达到5.17万亿元。业内专家张建红在接受上海证券报记者采访时表示,"十四五"水利基础设施建设投资将近5万亿元(载于2022年6月9日上海证券报·中国证券网)。

一是采取水务一体化模式,即对城乡防洪、排涝、蓄水、供水、节水、污水处理及回用等上下游涉水事务,统一委托给一个主体进行开发建设和运营。承接主体可以是水利投融资平台公司,也可以是通过竞争方式招选的社会资本。这种模式可以将上下游的非经营性、准经营性和经营性水利项目进行整合重组。

二是建立非经营性水利工程项目与经营性水利项目(如城市供水、水力发电、水库养殖、水上旅游、水利综合经营等)统筹发展机制,新建、改扩建经营性水利项目将与之密切关联的非经营性项目纳入项目范围,实现统一规划、统一建设。

三是根据项目之间的关联性,拓展项目捆绑范围,实现不同领域项目一体化开发模式。可以将非经营性水利项目与产业、乡村旅游等进行捆绑,实行一体化开发和建设,实现相互促进、互利共赢。在出让土地、授予经营性项目特许经营权时,将非经营性水利工程项目建设作为附加条件,要求经营性项目投资方同步开发建设与之相关联的非经营性水利工程。产业方面,可以将小型水利工程与生态农业等产业项目进行捆绑,投资方在建设小型水利工程、推进水环境改善的同时可以实现生态农业项目本身产业价值,以此吸引社会资本投资建设非经营性水利项目。乡村旅游方面,可以将堤防工程、河道整治工程、蓄滞洪区安全建设等水利项目与乡村旅游项目进行打包,实现利益统一。

四是运用PPP模式引进社会资本投资建设和运营非经营性水利工程项目,地方政府根据运营绩效付费。该模式适合存量PPP项目的政府支出责任占一般公共预算支出比重不超过5%的地区。

五是逐步建立使用者付费制度,将符合条件的非经营性水利项目转化成准经营性项目。

(2)准经营性水利项目。对于水库、节水灌溉等有一定经营收益,但经营收益不足以弥补建设和运营成本的准经营性水利项目,采取

PPP模式、政府专项债券、项目打捆、捆绑经营性资产等模式拓宽融资渠道。

一是采取PPP模式建设大型准经营性水利项目。对于大中型准经营性水利项目，比如水库工程、大型灌区节水改造工程等，采用PPP模式引入社会资本进行投资建设和运营，并同步建立投资、补贴与价格的协同机制，为投资者获得合理回报积极创造条件。

二是"政府专项债券+市场化融资"。收益兼有政府性基金收入和其他经营性专项收入，且偿还专项债券本息后仍有剩余专项收入的水利工程项目，可以由项目单位根据剩余专项收入情况进行市场化融资。此外，还可以将专项债券作为符合条件的项目资本金，发挥政府资金对市场化融资资金的撬动作用。

三是将多个小型项目进行打捆。小型准经营性水利项目，比如农村小水利等项目，具有小而散的特点，可以将多个小型水利项目打捆成一个标的，交由一家公司运营。这种模式的优势在于，单个水利项目可能盈利很微薄，甚至难以获利，而同时经营多个小型水利项目，就可以通过规模效应降低单位成本，提升获利空间，增加项目的吸引力。

四是捆绑经营性资源。不少准经营性水利项目仅能实现微利，可以考虑将准经营性项目与经营性资源捆绑开发，以提高准经营性水利项目的吸引力。

（3）经营性水利项目。对于水力发电、水上旅游及水利综合经营等经营性水利项目，其投融资模式的基本思路是依法放开相关项目的建设、运营市场，推行特许经营等模式。经营性水利投融资主体主要依赖于主体或项目信用进行融资，以项目经营性收益作为还款来源。为了让不同类型的水利项目收益平衡，可以将经营型水利项目适当搭配一些公益性水利项目，也可采取水务一体化进行融资。

（二）PPP模式在水利领域的应用及典型案例

2022年5月，水利部印发《关于推进水利基础设施政府和社会资本合作（PPP）模式发展的指导意见》（水规计〔2022〕239号），将PPP模式视为引导社会资本参与、拓宽水利基础设施建设长期资金筹措渠道的有效方式。事实上，自2014年以来，社会资本通过PPP模式参与水利建设运营的项目数量不断增多，但与交通、市政等其他行业领域相比，水利PPP项目数量不多，投资规模也不大。根据市场机构披露的统计数据[①]，2014年至2021年累计落地的水利PPP项目数量533个、总投资约5000亿元，占同期全国累计落地PPP项目总量和投资总额的3.9%和2.3%，而同期交通PPP项目数量和投资规模占比分别达到13.6%和37.6%。PPP模式应用情况相差悬殊的主要原因是，水利工程项目投资规模普遍较大、维护运营专业性较强，而财务回报率不高，对社会资本方吸引力不强。要使PPP模式在水利领域发挥预期作用，推进建立合理回报机制是关键环节。

湖南省莽山水库项目作为国家发展改革委推荐的PPP典型案例之一[②]，在PPP模式操作过程中，几经波折，但也有很多值得借鉴的经验。莽山水库位于湖南宜章县，是一座以防洪、灌溉为主兼顾城镇供水与发电等综合利用的大型水利枢纽工程，由枢纽工程和灌区骨干工程两部分组成，项目静态总投资约15亿元。宜章县政府于2013年1月开展莽山水库项目法人公开招标工作，2012年至2013年先后进行三次招标，均未成功。业主在招标文件中不断加大优惠力度、增加扶持承诺及收入保障条款后，第四次招标又因投标人原因流标，第五次招标才成功。

在提高社会资本积极性方面，莽山水库PPP项目做了一些探索，其

---

① 根据北京明树数据科技有限公司发布的历年PPP统计数据计算。
② 韩志峰：《中国政府和社会资本合作（PPP）项目典型案例》，中国计划出版社，2018年2月版。

中有两点做法值得借鉴。(1)对工程合理分段,分别采取不同的操作方式,减少社会资本投入。莽山水库PPP项目采取了类似北京地铁4号线项目的"A+B"模式,其中,水库枢纽工程因具有供水、发电、旅游开发等经营性功能,采取PPP模式,政府授予项目公司44年特许经营权(含建设期4年);灌区骨干工程采取公建公营模式,由社会资本方承建,建设资金由政府全额承担。工程合理分段的方式,社会资本在获得项目施工合理利润的同时,还能减少对工程建设的投入。(2)建立投资回报合理保障机制。一是在灌溉用水和城镇供水方面设置有限保底收入。竣工验收后、达到设计水平年前,政府补贴农业灌溉用水水费收入,确保项目公司该项收入不低于500万/年;达到设计水平年后,水库管理局向项目公司支付农业灌溉用水水费,且用水量不低于设计规模的80%,不足部分由政府补贴。在城镇生活供水方面设置了类似的保障机制。上述做法可以缓解项目在达到设计水平年之前因收益不足造成的资金压力,有利于降低社会资本的投资风险。二是按特许经营协议约定价购电(上网电价0.42元/度)。三是授予项目公司库区旅游特许经营权。四是建设期间非项目公司原因造成的设计变更和工程延误,造成枢纽工程投资总额超出项目公司承诺投资额(4.2亿元)的部分,由政府负责筹措。

三、水利工程项目资本金筹措

项目资本金筹措是基础设施投融资面临的突出难题,这在水利领域显得尤为突出。长期以来,水利工程项目以政府投资为主,项目资本金高度依赖于各级政府财政资金。

为统筹推进全国重大水利工程建设,国家发展改革委设立了多个中央预算内投资专项,并根据水利工程类型、规模、所在区域等因素确定不同的补助比例。总体来看,水利领域中央预算内投资补助政策遵循如下基本原则：一是突出公益性。根据《中央预算内投资补助和贴息项目管理办法》（国家发展改革委2016年第45号令），投资补助和贴息资金重点用于市场不能有效配置资源，需要政府支持的经济和社会领域。基于该原则，在确定水利工程项目中央投资补助范围时，项目若涉及经营性内容（不能影响项目整体的公益属性），该部分内容的相关投资不纳入中央补助基数。二是强调区域协调发展。水利工程项目中央投资补助政策会根据地方政府财政状况进行不同程度的倾斜。总体而言，中央投资补助比例由东部地区向中、西部地区递增，且向革命老区、少数民族自治地区、陆地边境地区等特殊地区倾斜。以国家水网骨干工程中央预算内投资专项为例，针对新建大型水库工程和大型灌区工程，对东部、中部、西部、东北地区分别按照项目资本金的20%、40%、60%、60%予以支持；针对重大引调水工程，对东部、中部、西部、东北地区分别按照项目资本金的20%、40%、50%、50%予以支持。三是突出政策导向性。根据各时期水利改革发展与建设的重点任务，确定中央预算内投资支持对象。随着水利行业的不断发展和重点任务的调整，不同阶段甚至不同年份的中央预算内投资专项支持对象也会有所变化。

除了中央出资外，地方出资部分，根据事权和支出责任划分省、市、县三级的出资比例。以贵州省为例，大型水库全部由省级出资；针对中型水库和引提灌工程，省级出资60%，市（州）、县（市、区、特区）出资40%[①]。从实践看，足额落实市、县级出资是水利项目资本金筹措的"难中之难"。贵州省探索出的一个路径是由省水投公司通过股份合作、资产划转等方式盘活市（州）、县（市、区、特区）政府涉水存量资产和其他可开发资源，帮助地方政府落实配套资金。

随着地方政府尤其是市县政府财政刚性支出压力不断增大，以财政

[①] 《贵州省骨干水源工程建设项目资金管理办法》（黔水计〔2016〕101号）。

资金为主的项目资本金筹措方式已经难以满足庞大的水利工程项目资本金需求。为此，各方进行了有益的探索，水利工程项目资本金筹措渠道日益多元。

一是利用地方政府专项债券作项目资本金。水利是目前允许利用专项债券作项目资本金的领域之一，专项债券也成为补充水利工程项目资本金的重要来源。根据梳理，近两年水利项目利用专项债券作资本金的项目类型主要包括重大水利工程、农村供水工程（城乡供水一体化）、中小型水库建设等[①]。以滇中引水工程项目为例，项目总投资852.79亿元，其中项目资本金672.79亿元。项目资本金通过如下渠道筹措：（1）中央预算内投资补助180.16亿元；（2）地方水利建设基金272.63亿元；（3）2021年、2022年分多次发行专项债券，合计筹措160亿元，用作项目资本金投入；（4）项目单位自筹60亿元[②]。总体来看，专项债券用作项目资本金的规模占当期专项债券发行规模的比重不大。例如，2022年山东省政府交通水利及市政产业园区发展专项债券（二十期），募集资金145.53亿，其中仅28.9亿元用作项目资本金，包括泰安市引黄入泰工程项目（使用1.8亿元）和另外3个交通项目。

二是社会资本投入。除了前文已论述的利用PPP模式直接参与投资建设和运营水利工程项目外，社会资本也通过投资基金间接参与水利工程项目。例如，2015年，河南水利投资集团有限公司与上海国际信托等三家股东共同出资设立河南浦银水利股权投资基金，基金总规模为100亿元，首期规模为14.5亿元。一些地方利用投资基金放大财政资金的引导作用，例如，2015年，湖南省水利发展投资有限公司发起设立湖南省

---

① 崔晨甲、李淼、马毅鹏：《关于水利工程项目资本金筹集的渠道、案例及建议》，《水利发展研究》2022年第6期。

② 引自《云南省滇中引水主体工程一期项目专项债券实施方案》，载于中国地方政府债券信息公开平台网 www.celma.org.cn。

水利发展投资基金,基金首期规模12亿元,其中,湖南省财政安排3亿元引导资金分3年注入,其他9亿元向合格投资者募集。

三是发行基础设施领域REITs等权益型、股权类金融工具。尽管截至2022年9月底,暂未有以水利资产为底层资产的公募REITs成功发行的案例,但相关部委和各地均在积极推进水利基础设施REITs试点工作。从其他领域情况看,发行水利基础设施REITs产品将有助于水利工程项目拓展更丰富的项目资本金筹措途径。

第八章 更好发挥政府投资作用

尽管越来越多的社会资本特别是民间资本通过多种方式进入基础设施领域，基础设施服务供给由事业单位和国有企业垄断的传统格局已发生变化，但政府的角色不可或缺，尤其是在市场机制不能有效配置资源的领域，更要发挥好政府投资的作用，保障好基础设施供给质量与效率。

第一节 基础设施领域的政府投入

财政靠前发力是当前促进基础设施投资增长的主要积极因素，财力空间也是适度超前开展基础设施投资面临的最大约束。本节从用于基础设施建设的预算资金来源角度对政府投入进行分析。

一、用于基础设施建设的预算资金规模

用于基础设施建设的预算资金概念与国家统计局关于固定资产投资实际到位资金来源中的国家预算内资金概念相一致。根据《预算法》，预算包括一般公共预算、政府性基金预算、国有资本经营预算和社保基金预算。

（一）用于基础设施建设的预算资金规模测算

预算资金对于基础设施建设资金的贡献有三个来源：（1）一般公共

预算中用于基础设施建设的支出，其中包括一般债务安排用于基础设施建设的支出；（2）地方政府专项债等债务资金用于基础设施建设的部分；（3）政府性基金预算除去债务资金支出后用于基础设施建设的部分，其中主要是与土地出让收入相关支出用于基础设施建设的部分。

1. 一般公共预算用于基础设施建设的资金规模

一般公共预算支出中与基础设施建设相关的一级科目（"类"）包括节能环保支出、城乡社区支出、农林水支出、交通运输支出。从2015年开始，上述4个与基础设施建设相关的一级科目反映的资金规模占比和增速总体呈下降趋势（见图8-1）。2021年，节能环保、城乡社区事务、农林水和交通运输四大类支出占公共财政支出的比重约24%，同比下降6.2%，连续两年绝对规模下降。这反映出一般公共预算更多用于经常性支出而用于基础设施建设等资本支出减少的总体趋势。

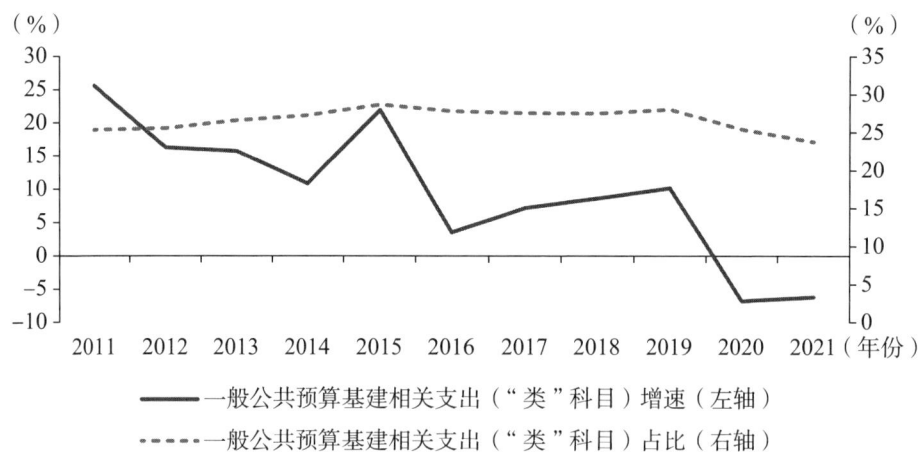

图8-1 一般公共预算支出中与基础设施建设相关的一级科目支出规模占比及增速

注：相关支出根据4个一级科目反映的数据测算。
数据来源：Wind数据库。

考虑到节能环保支出、城乡社区支出、农林水支出和交通运输支出4个一级科目反映的支出中包括机构运行、人员费用、补助等经常性支出。例如,城乡社区支出包括城乡社区管理事务、城乡社区规划与管理、城乡社区公共设施、城乡社区环境卫生、建设市场管理与监督、其他城乡社区支出等相关支出,其中相当一部分支出不直接用于基础设施建设,不宜作为资金来源纳入一般公共预算对基础设施建设的贡献。因此,三级科目("项")更能反映资本性支出。从三级科目入手,也能相对准确地估算用于基础设施建设的一般公共预算资金规模。

根据财政部公布的全国一般公共预算支出决算表,笔者分析了2015年至2021年一般公共预算用于基础设施建设支出的三级科目(见表8-1)。从中可以看出,2015年以来,一般公共预算中用于基础设施建设的支出占比逐年下降,2021年仅占7.8%。

未来一段时间,在继续做好"六稳""六保"背景下,基础设施建设相关支出仍然不是一般公共预算的支出重点,其占比可能延续下降态势。

表8-1 一般公共预算用于基础设施建设的支出(2015–2021年)

一般公共预算支出(亿元)		2015年	2016年	2017年	2018年	2019年	2020年	2021年
节能环保	污染防治	1314	1448	1883	2441	2630	2435	2033
	自然生态保护	305	327	537	617	799	691	632
	天然林保护	230	274	274	283	295	274	284
城乡社区	城乡社区公共设施	8136	9344	9527	10293	11489	8319	7983
农林水	农村道路建设	218	193	175	186	219	260	257
	水利工程建设	1974	1884	1885	1809	1931	1792	1717
	南水北调工程建设	60	43	79	96	54	23	23
	农村水利	772	639	454	408	283	174	131
	农村基础设施建设	410	822	1039	1686	1811	1614	1145

续表

一般公共预算支出（亿元）		2015年	2016年	2017年	2018年	2019年	2020年	2021年
交通运输	公路新建	1025	1098	1574	0	0	0	0
	公路建设	0	0	0	1532	1709.5	2419	2055
	公路改建	544	583	0	0	0	0	0
	港口设施	46	40	39	19	25	48	34
	铁路路网建设	745	632	601	610	875	708	392
	机场建设	197	113	112	166	0	0	0
	车辆购置税用于农村公路建设支出	848	588	624	686	463	311	106
	车辆购置税用于公路等基础设施建设支出	1953	1192	1324	2108	2384	2351	2541
合计	全国一般公共预算支出	175878	187755	203086	220904	238858	245679	246322
	用于基建的一般公共预算支出	18777	19220	20128	22937	23256	21419	19332
	用于基建的一般公共预算支出占比（%）	10.7	10.2	9.9	10.4	9.7	8.7	7.8

数据来源：Wind数据库。

2.地方政府专项债券用于基础设施建设的资金规模

在过去几年政府整顿隐性债务"堵后门"的同时，发行政府债券已成为地方政府筹资"开前门"的主要方式，其中专项债券的发行规模占比逐年提高，融资功能日益凸显。

从专项债券资金投向看，用于基础设施建设的规模明显上升。早期的专项债资金大量投向土储和棚改项目，用于基础设施建设的比例较低。2020年,国务院明确要求,专项债资金不得用于土地储备和房地产相关领域。在该政策导向下,专项债资金更多地被投放到基础设施相关领域。由于存在专项债募投项目信息披露质量不佳等客观原因,难以完全准确测算专项债资金投向结构。根据中诚信国际信用评级有限责任公司研究报告披露的新增专项债不同用途资金规模统计数据(见图8-2),经粗略估算,2019年至2021年专项债资金用于基础设施建设的比例分别为8%、63%、53%[①]。

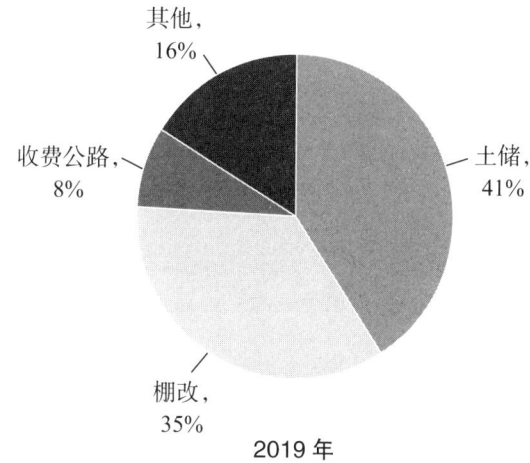

2019 年

---

① 有关数据参考了中诚信国际信用评级有限责任公司研究报告。笔者估算投向结构时,将投向交通基础设施、市政和产业园区基础设施、生态环保、农林水利等领域视为投向基础设施领域。

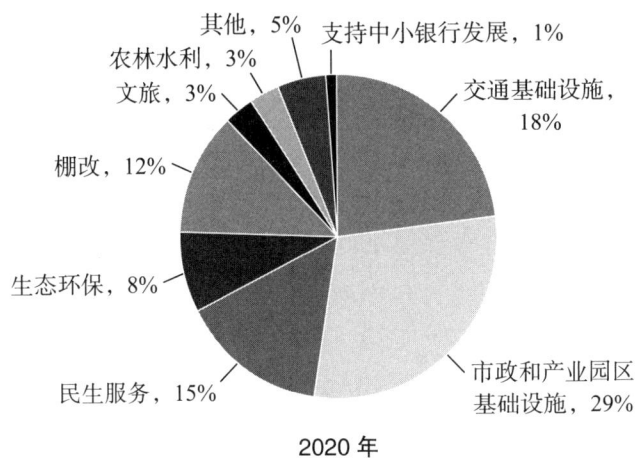

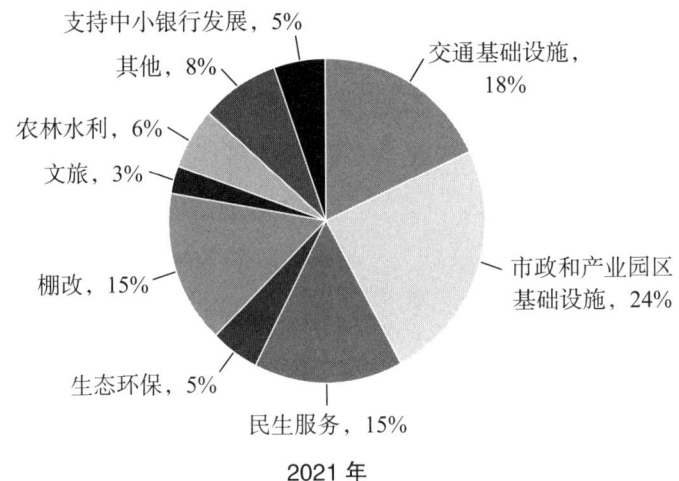

图 8-2　专项债资金投向（2019—2021 年）

数据来源：中诚信国际信用评级有限责任公司研究报告。

专项债是积极财政政策的重要着力点。在稳增长压力进一步凸显的背景下，基于稳增长、适度超前开展基础设施投资和化解隐性债务的需要，新增专项债额度应该不会大幅下降。但同时，受项目储备、资金使用监管趋严、防范债务风险等因素制约，专项债规模也不宜大幅增长。从专项债券投向结构看，用于基础设施建设的比例应该会继续保持高位,估计将达到60%以上。

3.债务资金以外的政府性基金预算用于基础设施建设的资金规模

专项债务安排本级的支出、抗疫特别国债安排的支出均在政府性基金预算支出合计线上反映。除去上述债务资金,其余政府性基金预算也有一部分用于基础设施建设,其中,相当一部分是国有土地使用权出让收入用于基础设施建设的相关支出。2010年以来,全国政府性基金预算支出中,用国有土地使用权出让收入安排的支出占比保持在60%以上,2018年甚至高达84.6%(见图8-3)。

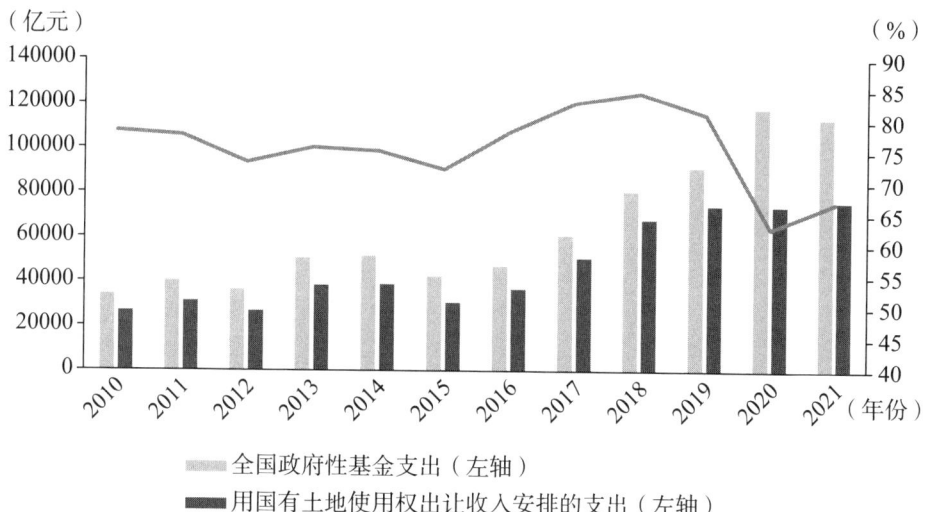

图8-3　全国政府性基金预算支出中国有土地使用权出让收入安排支出规模及占比

数据来源:Wind数据库。

国有土地使用权出让收入安排的支出具体又分为征地拆迁补偿支出、土地开发支出、补助被征地农民支出等10多个科目,其中,大部分支出用于征地拆迁补偿支出等,不宜计入对基础设施建设资金来源的贡献。与基础设施建设相关的科目主要是"城市建设支出"和"农村基础设施建设支出"。全国性的国有土地使用权出让收入安排的支出详细数据不可获得,仅个别年份曾公布部分支出项的详尽数据(见表8-2)。从有限的数据来看,国有土地使用权出让收入相关支出中用于基础设施建设的比例总体呈下降趋势,现阶段该比例可能在10%~20%。

表8-2　国有土地使用权出让收入用于基础设施建设的支出

年份	全国土地出让支出合计(亿元)	用于基础设施建设的支出(亿元)	全国土地出让支出中用于基础设施建设的支出占比
2009年	12327	3774	30.6%
2010年	26977	8586	31.8%
2011年	33172	6558	19.8%
2012年	28422	3974	14.0%
2014年	41211	4492	10.9%
2015年	33728	4026	11.9%

注:全国土地出让支出中用于基础设施建设的支出根据"城市建设支出"、"农村基础设施建设支出"两个科目统计。部分年份仅披露城市建设支出数据或仅披露农村基础设施建设支出,根据历史数据假定两类支出规模保持在稳定比例关系,即农村基础设施建设支出规模大约为城市建设支出规模的14%。

数据来源:Wind数据库。

债务资金以外的政府性基金预算,除国有土地使用权出让收入外,还有一些支出也用于基础设施建设。由于公开数据仅披露了政府性基金预算支出功能分类科目的二级科目数据,无法进一步分解出实际用于基础设施建设的资金规模。此处假定与基础设施建设相关的政府性基金预算支出二级科目(除国有土地使用权出让收入安排的支出、专项债务安排本级的支出、抗疫特别国债安排的支出相关科目)反映的支出数据全额用于基础设施建设。在此基础上测算债务资金以外的政府性基金预算用于基础设施建设的资金规模及其占比。限于数据可得性,此处着重以

2020年至2021年为重点进行测算,结果见表8-3、表8-4。

测算说明如下:

一是2020年至2021年专项债券安排的支出。考虑到从专项债发行到实际形成实物工作量存在一定时滞,在此假定当年前三季度发行的专项债收入可以在当年形成实物工作量,而第四季度发行的专项债收入在后一年形成实物工作量。2020年至2021年专项债券资金投向基础设施建设的比例参照前文估算,分别为63%、53%。

二是抗疫特别国债安排的支出。2020年发行1万亿抗疫特别国债,其中7000亿通过政府性基金转移支付下达至县市,纳入政府性基金预算管理,用于公共卫生体系建设、重大疫情防控救治体系建设、粮食安全及基础设施建设等12个领域。余下3000亿资金到账后调入一般公共预算,通过特殊转移支付机制下达至县市,主要用于减免房租补贴、重点企业贷款贴息等6个领域。假定用于公益性资本支出的7000亿抗疫特别国债资金有60%投向基础设施建设,则可以贡献4200亿元。

三是假定铁路建设基金支出、民航发展基金支出等与基础设施建设相关的政府性基金预算支出二级科目反映的金额用于基础设施建设的比例为100%。

四是假定用国有土地使用权出让收入安排的支出用于基础设施建设的比例为15%。

表8-3 2021年政府性基金预算支出用于基础设施建设的规模及比例

序号	科目	金额（亿元）	用于基础设施建设的比例（%）	用于基础设施建设的支出规模（亿元）
(1)	全国政府性基金预算支出合计	113661	26.8	30463

续表

序号	科目	金额（亿元）	用于基础设施建设的比例（%）	用于基础设施建设的支出规模（亿元）
（2）	其中：专项债券安排的支出	26029	53	13795
（3）	债务资金以外的政府性基金预算	87632	19.0	16668
（4）	国有土地使用权出让收入安排的支出	76163	15	11424
（5）	铁路建设基金支出	536	100	536
（6）	民航发展基金支出	251	100	251
（7）	高等级公路车辆通行附加费安排的支出	42	100	42
（8）	城市基础设施配套费安排的支出	1885	100	1885
（9）	国家重大水利工程建设基金支出	134	100	134
（10）	车辆通行费安排的支出	2395	100	2395

资料来源：作者测算。

表8-4　2020年政府性基金预算支出用于基础设施建设的规模及比例

序号	科目	金额（亿元）	用于基础设施建设的比例（%）	用于基础设施建设的支出规模（亿元）
（1）	全国政府性基金预算支出合计	118058	36.2	42782
（2）	其中：专项债券安排的支出	33842	63	21321
（3）	抗疫特别国债安排的支出	7000	60	4200
（4）	债务资金以外的政府性基金预算	77216	22.4	17261
（5）	用国有土地使用权出让收入安排的支出	74230	15	11134

续表

序号	科目	金额（亿元）	用于基础设施建设的比例（%）	用于基础设施建设的支出规模（亿元）
（6）	铁路建设基金支出	514	100	514
（7）	民航发展基金支出	287	100	287
（8）	高等级公路车辆通行附加费安排的支出	20	100	20
（9）	港口建设费安排的支出	100	100	100
（10）	城市基础设施配套费安排的支出	2062	100	2062
（11）	国家重大水利工程建设基金支出	127	100	127
（12）	车辆通行费安排的支出	3018	100	3018

资料来源：作者测算。

二、基础设施建设领域预算资金的撬动效应估算

估算未来基础设施投资空间，还要分析预算资金的撬动效应，即通过政府投入可以撬动多大的基础设施投资规模。结合对未来可用于基础设施建设的预算资金规模的预测，再考虑撬动效应，可以大致估算基础设施投资规模。将该估算值与实现经济增长目标所需的基础设施投资规模相比，便可以估算出未来基础设施投资缺口。

1. 撬动效应估算：基于两种方法的比较

笔者通过如下两种方法估算基础设施建设领域预算资金的撬动效应。

（1）分项测算用于基础设施建设的预算资金规模，然后与基础设施投资规模作对比（方法一）。结果表明，2020年用于基础设施建设的预算资金撬动系数为2.08倍，而2021年撬动系数有所增加，达到2.65倍（见表8-5）。

（2）基于国家统计局公布的基础设施投资资金来源中国家预算内资金占比，推算出预算资金的撬动系数（方法二）。基于此方法的测算结果表明，2020年用于基础设施建设的预算资金撬动系数为4.74倍（见表8-6）。

表8-5　基础设施领域预算资金的撬动效应估算（方法一）

序号	预算资金来源（亿元）	2020年	2021年
（1）	一般公共预算中用于基础设施建设的支出	21419	19332
（2）	地方政府专项债等债务资金用于基础设施建设的部分	25521	13795
（3）	政府性基金预算除去债务资金支出后用于基础设施建设的部分	17261	16668
（4）	用于基础设施建设的预算资金合计 =（1）+（2）+（3）	64201	49795
（5）	基础设施投资规模	133359	131780
（6）	预算资金的撬动系数	2.08倍	2.65倍

表8-6　基础设施领域预算资金的撬动效应估算（方法二）

	电力、热力、燃气及水生产和供应业	交通运输、仓储和邮政业	水利、环境和公共设施管理业	基础设施总体
国家预算内资金占比	9.7%	21.3%	25.8%	21.1%
预算资金撬动系数	10.35倍	4.69倍	3.87倍	4.74倍

注：以2017年绝对值为基数，按照城镇固定资产投资资金来源增速，推算了2018年至2020年各细分行业全国固定资产投资（不含农户）资金来源，在此基础上计算了2018年至2020年各项资金来源结构占比。

估算结果显示，基于方法二估算的撬动系数显著高于基于方法一的估算结果。出现该差异的可能原因是，固定资产投资数填报过程中，部分预算资金被统计成自筹资金，造成国家统计局披露的国家预算内资金统计数可能要低于实际投入基础设施建设的预算资金。相比之下，基于方法一的估算结果可能更加接近于实际。出于稳健性考虑，笔者通过估算专项债撬动效应，进一步印证上述结论。

2. 稳健性检验：基于专项债撬动效应估算的视角

目前，专项债券是地方政府为基础设施项目筹措资金的主要来源之一。专项债对基础设施投资的撬动作用可以较好地反映预算资金的整体撬动效应。以2020年为例，具体估算过程如下：

（1）估算投向基础设施领域的专项债资金规模。根据前文分析，2020年投向基础设施领域的专项债资金约为2.1万亿元。

（2）分别估算专项债作为项目资本金及配套融资对基础设施投资的撬动效应。专项债主要有用作项目资本金和配套融资两种用途。具体按两种情形，测算专项债对基础设施投资的撬动效应。参照中诚信国际信用评级有限责任公司的监测数据，目前专项债项目资本金占比（专项债用作资本金的规模/该项目资本金总规模）均值为47%，专项债项目配套融资占比（专项债用作配套融资的规模/该项目配套融资总规模）均值为53%。

情形一：目前，按相关规定，以省份为单位，专项债资金用于项目资本金的规模占全省专项债规模的比例不超过25%。按上限25%估算专项债用于项目资本金的比例。用作项目资本金的专项债资金规模约为5330亿元，用作配套融资的专项债规模约15990亿元。

情形二：实际中专项债用作项目资本金的比例不足10%。按10%估算专项债用于项目资本金的比例。用作项目资本金的专项债资金规模约为2132亿元,用作配套融资的专项债规模约19189亿元。

经测算,按情形一、情形二,2020年专项债对基础设施投资的撬动系数分别为1.95倍、1.91倍,见表8-7。这与方法一的估算结果接近,表明采用方法一可以更合理地估算预算资金的撬动效应。

表8-7 专项债对基础设施投资的撬动效应估算

	情形一:用作项目资本金比例25%		
	专项债作为项目资本金	专项债作为项目配套融资	合计
投入基础设施建设领域的专项债规模(亿元)	5330	15990	21321
专项债项目资本金占比(%)	47	—	—
专项债项目配套融资占比(%)	—	53	—
基础设施投资撬动规模(亿元)	11341	30171	41511
撬动系数	—	—	1.95倍
	情形二:用作项目资本金比例10%		
	专项债作为项目资本金	专项债作为项目配套融资	合计
投入基础设施建设领域的专项债规模(亿元)	2132	19189	21321
专项债项目资本金占比(%)	47	—	—
专项债项目配套融资占比(%)	—	53	—
基础设施投资撬动规模(亿元)	4536	36205	40741
撬动系数	—	—	1.91倍

第二节 优化政府投资方向与方式

随着可用于基础设施投资的政府财力增长放缓，政府投资的有限规模与不断增长的基础设施投资需求之间的矛盾日益突出。为缓解上述矛盾，需要回答如下问题：有限的政府投资应该投向哪里、如何投资，方能更有效地满足基础设施投资需求。

一、政府投资方向和重点

（一）政府投资方向优化的内在机理与国际经验

从理论上看，政府投资方向并非一成不变，由于政府投资职能的变化，政府投资方向也需做适应性调整与优化。其内在机理在于：当经济发展水平较低时，由于市场机制和功能的缺陷较多，市场失灵领域较宽，需要政府投资的范围较广，政府投资占社会总投资的比重也较高，该阶段政府投资往往侧重于对经济发展有重要影响但市场发育水平不足的基础设施、支柱产业等经济领域，以及旨在培育市场的开发性投资，而收入分配、社会保障等社会性公共领域被置于次要地位。随着经济发展和体制机制不断完善，市场发育水平不断提升，市场机制和功能方面的缺陷会逐渐减少，需要政府投资弥补市场失灵的领域有所收缩，要求政府提供的基础设施和开发性投资需求放缓，政府投资重点也将从以经济领域为重逐渐转向社会性公共领域。根据马斯洛（Maslow）的人类需求层次理论，在居民收入不断增长过程中，公众对公共服务的需求将从基本的卫生条件、安全等基本需求逐渐转向更高层次的需求（比如教育、健康、养老等），反映出政府投资向高层次公共服务倾斜的社会需求。

从国外政府投资的长期经验看，不同发展阶段政府投资方向和重点呈现规律性变化。日本20世纪70年代的发展情况与我国当前阶段相近[1]，正处于从高速增长向中高速增长转变的阶段。有关统计数据显示，这一时期日本政府投资中基础设施、基础产业的投资比例明显下降，而与生活改善有关的投资比重有显著提升。1976-1981年，日本财政投融资资金支出中，用于生活改善的支出已经从1953-1955年的22.9%上升至47.4%（见表8-8）。美国政府投资方向和重点的调整也有类似特点，社会福利领域的投资支出大幅增加，而运输基础设施投资支出占比明显下降，这一趋势在20世纪六七十年代[2]表现尤为明显（见图8-4）。

表8-8　1953-1981年日本财政投融资的用途结构演变

单位：%

	1953-1955	1956-1960	1961-1965	1966-1970	1971-1975	1976-1981
基础产业	23.6	16.6	9.9	6.3	3.7	2.9
贸易经济协作	2.8	4.3	7.9	10.4	8.8	6.4
地域开发	5.7	9	7.5	4.6	4.7	2.6
产业基础设施	26.4	21.6	26.1	24.3	23.2	18.1

---

[1] 20世纪70年代的日本，几个重要指标水平与我国现阶段类似：经济增速4%～10%（20世纪70年代），人均名义GDP为8675美元（1978年），第一产业增加值占GDP比重为9.9%（1964年），第二产业增加值占GDP比重为43.67%（1970年），65岁以上老年人口比重为8.81%（1979年），老年抚养比为12.34%（1977年）。

[2] 20世纪六七十年代，美国人均名义GDP水平与中国现阶段相近。

续表

	1953–1955	1956–1960	1961–1965	1966–1970	1971–1975	1976–1981
低生产部门的现代化	18.6	20.9	19	20.1	19.6	22.6
生活改善	22.9	27.6	29.6	34.3	41	47.4

数据来源：陈共、宋兴义著《日本财政政策》，中国财政经济出版社，2007年6月版。

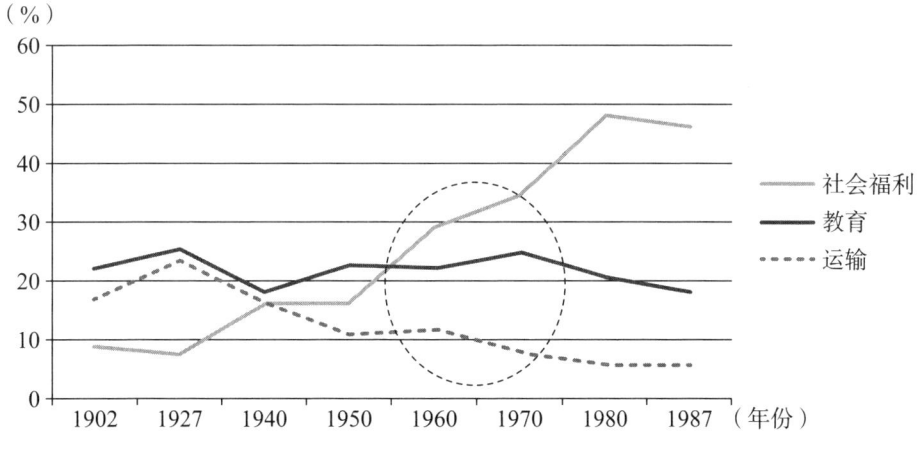

图8-4 美国政府民用支出（政府投资）结构变化

注：社会福利指保健和医院、住宅和社区发展、社会保险和福利等支出，运输指公路、铁路等交通基础设施支出。

数据来源：Office of Management and Budget, Budget of the U.S.Government。[美]理查德·A.马斯格雷夫，[美]佩吉·B.马斯格雷夫著，《财政理论与实践》（第5版），邓子基、邓力平译校，中国财政经济出版社，2003年6月版。

（二）政府投资方向选择面临的新形势新要求

当前，百年未有之大变局进入激烈动荡的新阶段，国内经济社会发展面临更多"两难"选择。在这一时期，不仅要发挥市场的决定作用，也要更好发挥政府的作用。在新形势下，政府投资将承担更艰巨更繁重的任务，政府投资方向也将做出相应调整。

一是适应经济增速放缓的趋势性变化，政府投资要在规模增长趋缓约束下更好履行有限职能。在一定程度上收缩战线，更好履行弥补市场失灵的有限职能，聚焦重点，更加突出政府投资的公共属性，减少竞争性领域的投资。

二是适应补短板的要求，政府投资要提质增效。新形势下，为应对外部环境变化、缓解内部结构性矛盾、完成基础设施领域的新目标新任务，政府投资的任务十分艰巨。一方面，政府投资资金供需矛盾加剧。在资金来源增长趋缓的同时，政府投资仍需在公共产品和外部性领域增加投入，资金供需矛盾更加尖锐。另一方面，政府投资要适应新的公共需求结构。在基础设施领域基本需求满足后，对基础设施补短板、促进基础设施互联互通和发挥综合效应的政府投资需求在增加。同时，由于生活水平的不断提高，社会公共需求结构逐渐由物质消费型向发展型升级。因此，有限的政府投资要改变以往较多用于基础设施的格局，区分公共性的层次，主要投向涉及公众普遍利益和长远利益的公共产品领域和外部性显著的领域，重点是教育、文化、健康服务、医疗保健等契合消费结构升级和促进消费长期增长的社会基础设施，以及有利于可持续发展的生态环保领域，有利于技术进步与科技创新的基础设施和服务平台建设等。京津冀协同发展、长江经济带、粤港澳大湾区建设、黄河流域生态保护和高质量发展等一系列重大战略的推动实施，对基础设施不断提出新的要求，政府投资要更好发挥对国家重大战略实施的支持作用。

三是适应增动能、扩潜力的要求，更好地发挥政府投资对创新驱动发展的促进作用。复杂的国际环境迫使我国必须在创新体系的基础构建、前沿技术创新和市场化应用等方面全面同步增强，需要充分发挥市场经济条件下新型举国体制优势，更好地发挥有效市场和有为政府的共同作用。创新生态环境和基础研究、基础设施和公共服务平台等领域存在显著的正外部性，但并非单个企业或科研机构有能力或愿意去投入。为弥补市场失灵，鼓励技术溢出和扩散，政府需要介入并发挥整合创新资源的优势。但是，政府应避免影响或替代市场进行产业和技术选择，因为从企业和政府的比较优势看，当创新从技术引进和模仿跨向自主创新的阶段时，对于下一个新的、有前景的产业动态，政府并不比企业掌握更多的准确信息，如果贸然实施倾向性的产业政策，可能会干扰企业判断和市场选择。因此，政府应着重投资有助于促进创新的公共产品和外部性领域，并打造创新生态环境，实施普惠性政策，面向全体企业和科研机构提供公共服务和支持。

（三）未来一段时期政府投资的重点方向选择

长期高强度的政府投入已大大改善了我国的基础设施条件，提高了公共服务能力。但是，政府投资方向和重点领域选择仍然存在一定的结构性缺陷，不能完全适应新形势新要求，突出表现为：社会基础设施投入长期落后于经济基础设施，公共服务的区域和城乡差距大等。根据发展阶段、体制完善程度特别是新形势新要求，政府投资方向须做出调整优化。总体路径是：政府投资要聚焦关键领域和薄弱环节，减少竞争性领域政府投资，降低经济基础设施投入比例，提高社会基础设施投入强度，提高政府投资质量和效益。

优化方向一：农业农村优先发展。农业农村是我国经济社会发展的"压舱石"，但是城乡发展不平衡问题仍较为突出。农业农村优先发展政策导向要求优先保障"三农"资金投入，将农业农村作为财政优先保障领域，改变农村要素单向流出格局，推动资源要素向农村流动，夯实农业基础、推进乡村建设、发展壮大乡村产业。从巩固脱贫攻坚成果的角度，我国已经解决区域性整体贫困问题，消除了绝对贫困，但巩固脱贫攻坚成果的任务依然艰巨。地方政府要做好巩固拓展脱贫攻坚成果同乡村振兴有效衔接，在脱贫地区产业培育、易地扶贫搬迁群众后续扶持等方面加大投入，让脱贫基础更加稳固、成效更可持续，不发生规模性返贫现象。

优化方向二：聚焦消费提质扩容。当前，居民消费的多样化、个性化和品质化需求日益增长。未来一段时期，消费提质扩容的大趋势不会改变，人口快速老龄化现象将更加突出，在这些背景下，旅游、文化、体育、健康、养老服务、家政服务等服务消费领域的居民消费需求将日益旺盛，并成为公共服务的重要领域和产业发展的新增长点。然而，社会基础设施发展不足仍然明显制约着消费提质扩容。政府投资要加大对这些行业领域的投入，加快推进社会基础设施短板领域建设，提高投资质量和效益。

优化方向三：促进经济提质增效升级。经济提质增效升级，不仅要求企业投资要提质增效，也要求政府投资提质增效。交通、水利、市政设施、信息等基础设施的配置水平和供给质量要提高，义务教育、公共卫生、基层文体等公共服务水平也要提高，生产、生活、生态三者要统筹兼顾、协调发展。

优化方向四：推动自主创新。推进高质量发展必须不断提高要素质量，更多依靠人力资本质量和技术进步，使创新成为驱动我国经济发展的新引擎。政府要创造和维护一个有利于创新的社会经济环境，并在促进创新的公共产品、外部性领域发挥主导作用。

优化方向五：强化区域协调发展。新型城镇化战略正在深入推进，为促进区域城乡协调发展、基础设施互联互通，基础设施和公共服务领域仍有较大的发展空间。更重要的是，我国基础设施和公共服务在城乡间和地区间发展不平衡，西部地区公共投资欠账较多，政府投资需要着力解决城乡区域协同发展中的基础设施和公共服务瓶颈制约。

优化方向六：推进生态文明建设。加快推进生态文明建设是加快转变经济发展方式、提高发展质量和效益的内在要求和有效途径。政府投资要在外部性较强的自然资源、环境保护领域增加投入，创造良好的外部环境，为推进经济和社会可持续发展创造更好的条件和更大的空间。

优化方向七：支撑国家重大战略实施。近年来，我国陆续出台了京津冀协同发展、长江经济带发展、长三角区域一体化发展、推进海南全面深化改革开放、粤港澳大湾区建设、黄河流域生态保护和高质量发展等重大战略。政府投资方向要和大战略实施结合起来，重点支持重大战略实施所需的基础设施和公共服务领域。

二、以提高引导带动效率为导向选择适宜的政府投资方式

政府投资的主要依据是市场失灵[①]，并集中在公共产品和外部性两类领域。不同领域的市场失灵程度、经济技术特征和营利性质存在差异，政府投资的功能和作用机制也不尽相同。为更好发挥政府投资资金对社会投资的引导带动作用，应针对不同领域的具体特征选择适宜的政府投资方式。在公共产品领域，市场失灵主要体现为公共产品的受益者不可识别或可识别度低，无法形成有效市场或市场机制不充分，需要政府履行全部或部分公共投资的职能。在竞争性领域，由于存在相对有效的市场机制，投资主体主要是企业部门，但因为某些产业存在一定的外部性，需要政府采取投资补助等方式，有效引导市场投资。

（一）公共产品领域适宜的政府投资方式选择

公共产品领域选择政府投资方式的主要依据是可收费性、宏观风险、产出质量可测性、合格生产者数量4个变量。这些变量与政府投资的介入度之间呈现较强的相关性。综合分析上述4个变量特征，基本可以判断某行业或领域适宜的政府投资方式。

---

① ［美］理查德·A.马斯格雷夫、［美］佩吉·B.马斯格雷夫：《财政理论与实践》，邓子基、邓力平译校，中国财政经济出版社，2003年6月版。

1.可收费性。项目的可收费性,直接影响是否有市场投资主体愿意进入,以及政府是否需要给予投资补贴。在其他变量条件给定的情况下,项目越不具备可收费性,对政府直接投资的要求或依赖程度越高,而其可收费性越高,则越不需要政府投资介入[①]。

2.宏观风险。宏观风险指的是某些行业领域具有较大的外部性影响范围,具有关系国计民生的影响力(如国防、军工、防洪工程等领域),政府有必要通过直接投资或资本金注入保持控制力。相反,有些项目则不太具有这样的宏观风险。

3.产出质量可测性。如果某一公共产品的内容和要求能被精确描述且不易产生误解,则其产出质量的可测性较高,此时市场化提供方式更具可行性,政府便可以减少直接投资,改成投资补助等方式鼓励市场提供。相反,产出质量可测性越低,对政府直接投资的依赖程度越大。

4.合格生产者数量。影响某一公共产品是否采取市场化提供方式的又一变量是,该领域是否具有足够的合格生产者。合格生产者越少,对政府直接投资的依赖度越高;相反,当具有足够多的生产者数量时,表明该市场具有充分的竞争性,以投资补助等方式鼓励市场投资,将是更可取的。

(二)外部性领域适宜的政府投资方式选择

外部性领域选择政府投资方式的主要依据是监管难度、补助弹性、融资约束、市场发育水平4个变量。监管难度与补助弹性决定是否应采取投资补助的方式;如果采取投资补助,是"事前补"还是"事后补"更有效率?融资约束决定贷款贴息、融资担保与投资基金三种方式的选

[①] [美]E.S.萨瓦斯:《民营化与公私部门的伙伴关系》,周志忍等译,中国人民大学出版社,2002年6月版。

择。市场发育水平则是政府选择投资重点时应考虑的一个因素。

1.监管难度。信息不对称是影响监管难度的一个重要变量,信息不对称程度越严重,监管难度越大。信息不对称不仅存在于市场供需双方之间,也存在于监管者与被监管者之间,以及政府部门与公众之间。在竞争性领域,信息不对称导致的监管难度是影响政府投资方式有效性的一个重要变量:是采取投资补贴或是投资基金的方式?在采取投资补贴方式时,是采取事前补助的方式,还是事后补助的方式?一般地,对于监管难度大且存在较高投资风险的竞争性领域(例如需要鼓励创新的高新技术领域),宜采取投资基金、事后补助等方式。

2.补助弹性。对于某类行业,市场均衡时所实现的交易规模,并未达到最优水平,制约因素或是因为该价格水平与生产成本相比过低,抑制了更多的生产者进入,或是因为该价格水平过高,抑制了更多的消费者消费。因此,对该市场的生产或消费进行补助将有助于扩大市场规模。但究竟是补助生产者还是消费者,前补助还是后补助,还要做具体分析。一般地,对于制约主要来自供给端的,补助弹性高且容易监管的,宜采取事前补助方式补助生产者;补助弹性高但不易监管的,宜采取事后补助、以奖代补等方式;补助弹性低的,则不适合选择补助方式。对于制约主要来自消费端的,若补助弹性高,可采取补助消费者的方式,而对于补助弹性低的,则不适宜采取补助方式。美国、芬兰等发达国家的经验显示,将创新支持政策由工业经济阶段的供给导向政策调整为技术使用者(或需求)导向政策,更有助于推动创新和成果转化。与供给导向政策相比,需求导向政策能发挥科技使用者实施自由选择权的作用,对产业和技术发展方向的市场选择机制干扰较少[1]。与需求导向政策

---

[1] [英]克里斯托夫·弗里曼:《技术政策与经济绩效:日本国家创新系统的经验》,张宇轩译,东南大学出版社,2008年3月版。

相适应，政府投资方式从事前补助转向后奖补、发放创新券等方式，政府根据成果质量给予相应的事后奖补。

3.融资约束。融资约束是造成一些存在明显正外部性的产业投资不足的重要原因。但对于融资约束问题，并不意味着政府运用贷款贴息的方式"一贴就灵"。要先分析具体的融资制约是什么：主要受股权融资约束，还是债权融资约束？或是二者皆有？而在债权融资约束方面，主要面临的是融资成本问题，还是信用不足问题？一般地，对于股权与债权融资约束兼有的项目（例如一些高科技项目的成长阶段），可能需要股权融资与债权融资支持相结合的"投贷组合"。对于主要适合股权融资的，例如科技项目的孵化期阶段，则更适合采取产业投资基金的方式。有些项目回报期长、前期还贷压力大，则提供贷款贴息方式更为适宜。如果主要面临信用不足约束，提供政策性担保将更能帮助企业解决融资难的问题。如果有的项目兼具融资成本高、信用不足的特点，则可采取贷款贴息与融资担保相结合的方式。

4.市场发育水平。若市场正处于刚开始发育阶段，私人部门投资经验不足，市场的潜在需求未被激发出来，这些行业或项目需要政府以某种方式给予扶植；而伴随市场的不断成熟，政府投资介入的力度应逐步减弱、退出。总之，政府应优先选择市场发育水平低的行业或项目，作为政府投资重点。相反，对于市场已较为成熟的行业或项目，政府投资应在适当的时候"功成身退"。

上述讨论的不同因素变量对投资方式选择的影响总结在表8-9中。三个加号（+++）表示该因素变量值高或大，一个加号（+）代表该因素变量值低或小，两个加号（++）代表介于两者之间。空白表示此变量在这一栏的投资方式选择中不是重要指标。

表8-9 适宜政府投资方式选择的一般性框架

	因素变量				具体特征与选择依据	较适宜的投资方式
	可收费性	宏观风险	产出质量可测性	合格生产者数量		
公共产品领域	+	+++	+	+	缺乏收费机制，具有较高宏观风险，产出质量不易监测，生产者数量少	政府直接投资
	++	++	+++	++	具有收费机制，无须补助；但具有宏观风险，需要政府保持一定控制力	资本金注入
	++	+	+++	+++	产出质量容易监测，合格生产者数量多，但可收费性不足，需一定补助	投资补助

	因素变量						具体特征与选择依据	较适宜的投资方式
	监管难度	补助弹性		融资约束		市场发育水平		
		生产端	消费端	股权融资	债权融资			
					融资成本	信用水平			
外部性领域	+	+++					+或++	监管难度不大，生产端的补助弹性更大	投资补助，补生产者，前补
	+++	+++					+或++	存在监管难度，生产端的补助弹性更大	投资补助，补生产者，后补或以奖代补
	+		+++				+或++	消费端的补助弹性更大	投资补助，补消费者
	+				+++		+或++	主要存在融资成本方面的制约	贷款贴息
	+					+	+或++	主要存在信用不足方面的制约	融资担保
	+				+++	+	+或++	融资成本高与信用不足同时存在	贷款贴息+融资担保
	++或+++			+++			+或++	存在股权融资约束，且需要专业的项目筛选能力	投资基金

资料来源：作者整理

第三节　加强政府投资管理

当前,中央要求"各级政府必须真正过紧日子",这是长期方针政策,不是短期的应对措施。政府投资的基本建设项目是财政支出的重要支出项目,加强政府投资管理,提高政府投资项目投资效益、规范投资行为、加强成本管控是落实"真正过紧日子"政策的长期要求。

一、政府投资要从严管理

回顾过去近20年我国投融资体制改革的历程,总体方向是政府投资管理从严从紧、企业投资管理从宽从速,在放宽企业投资约束的同时,严格政府投资管理。

2004年印发的《国务院关于投资体制改革的决定》(国发〔2004〕20号)首次确立了"按照谁投资、谁决策、谁收益、谁承担风险的原则,落实企业投资自主权"的投资管理体制改革思路,明确区分政府投资审批制和企业投资核准备案制,改变了以往投资项目不分投资主体、资金来源及项目性质均实行审批制度的做法。《中共中央　国务院关于深化投融资体制改革的意见》(中发〔2016〕18号)进一步明确了政府投资和企业投资区别管理的投融资体制改革思路,提出"坚持企业投资核准范围最小化,原则上由企业依法依规自主决策投资行为"。此后陆续出台的《企业投资项目核准和备案管理条例》《企业投资项目核准和备案管理办法》等法规政策延续了这一改革思路,不断规范政府对企业投资项目的审查行为,包括简化流程、减少环节、压缩时限、扩大企业投资准入范围等,企业投资活力得到极大释放和发展。

政府投资和企业投资在投资资金性质、投资职能等方面存在显著差异，对两者区别管理既合理也必要。《政府投资条例》科学总结了十几年来我国政府投资管理体制改革实践，坚持了严格政府投资管理的总体思路，确立了政府投资科学决策、规范管理、注重绩效、公开透明的原则，做出了明确约束政府投资范围、严格界定政府投资方向、完善政府投资管理体制和管理方式、强化政府投资管理刚性约束等一系列规定，为各地因地制宜推进政府投资管理实践提供了法律准绳。

近年来，在转变政府职能、简政放权大背景下，政府投资审批程序在历次行政审批改革中常常成为改革焦点。一个突出的问题，是将政府投资决策审批与企业投资行政审批等同，混淆了政府投资决策外部化（由项目业主以外的部门决策）和企业投资决策内部化（企业自主决策）的区别，片面要求最大限度地精简政府投资审批程序。笔者在一些城市调研时了解到，一些地方和部门认为当前的政府投资项目审批程序烦琐复杂，不符合营造"审批最少"的营商环境优化改革目标。这种看法混淆了政府投资和企业投资管理的区别，营商环境优化改革的重点在于松绑企业投资项目管理、释放企业投资活力，而政府投资管理应当继续遵循《政府投资条例》提出的科学决策、规范管理、注重绩效、公开透明等基本原则，并非一味简化和求快。

二、更好发挥政府投资年度计划的重要作用

《政府投资条例》以行政立法形式确立了政府投资年度计划的法定地位，明确政府投资年度计划是对资金按年度落实到项目的基本方式。笔者调研中了解到，目前不少地方的政府投资年度计划存在虚化弱化现象。在年度计划编制、计划调整、计划与预算衔接等环节存在一些突出问题，很大程度上弱化了年度计划的功能和作用。

（一）政府投资年度计划虚化弱化现象突出

1. 政府投资年度计划管理缺乏集中统一

集中统一政府投资年度计划的主要功能是在时序、总量、行业结构以及区域和城乡布局上统筹配置政府投资资金和项目，使有限的政府投资资金真正用于补短板、强弱项和惠民生的刀刃上；在形式上主要表现为政府投资资金集中统筹管理、统一项目安排规则、统一通过年度计划与预算相衔接等。据笔者调研了解，有不少地方没有编制和执行集中统一的政府投资年度计划，而是采取分散管理模式，即投资主管部门和行业主管部门各自根据预算资金切块规模安排政府投资项目。有些地方的政府投资年度计划虽然形式上由投资主管部门统一下达，但行业领域内的政府投资项目和资金安排仍由行业主管部门主导，年度计划在一定程度上退化为统计汇总手段。与政府投资年度计划集中统一管理模式相比，由各个部门分散编制政府投资年度计划，人为割裂政府投资资金决策权，增加协调和管理成本，不利于政府投资资金在不同行业领域、不同地区间的高效配置，造成各领域"苦乐不均"、重复申报等现象频现。

2. 投资计划与财政预算衔接不够

不少地方的政府投资年度计划和预算的衔接是"被动"的。年度计划规模主要取决于财政预算切块规模，没有充分体现当地补短板、强弱项、惠民生的投资需求。有的地方在年度内多次下达投资计划，财政部门拨一次预算资金，投资主管部门就下达一次投资计划。在具体项目支出预算方面，人员支出、公用支出等经常性预算和基本建设项目支出预算通常统一在部门预算中编列，由各行业主管部门在编制部门预算时与财政部门衔接。行业主管部门在落实财政资金并明确项目优先次序后，再报给投资主管部门编制政府投资年度计划草案。上述预算衔接机制造成年度计划统筹功能的弱化虚化，实质上固化了"项目跟着资金走"的局面，很难实现政府投资资金和项目的通盘考虑和统筹配置。

3.政府投资年度计划约束力不强

许多地方在年度计划草案编制环节，没有设置经同级人大审议的程序。在人大批准预算草案后，政府投资年度计划即可下达实施，而无须与预算草案一起提请人大批准。政府投资年度计划执行中，若发生资金和项目调增或调减等情形，没有设置提请同级人大或人大常委会审查批准的程序。上述做法虽然操作简便，但在一定程度上损害了年度计划严肃性。此外，不少地方存在年度计划执行绩效评估缺位或虚化情况，甚至片面地认为预算绩效考核可以代替政府投资绩效评估，对各部门政府投资年度计划执行情况好坏既无激励也无约束。

（二）若干建议

1.大力推动各地编制和执行集中统一的政府投资年度计划

从深圳等地多年实施效果看，统筹管理政府投资可以更好实现资源高效配置，更充分地发挥政府投资效益。当然，编制和执行集中统一的政府投资计划，意味着要打破既有政府投资管理的部门利益格局，难免有一定的难度。为减少改革阻力，可先采取过渡方案。即先由行业主管部门按照统一规则提出拟安排政府投资资金的项目"长名单"，投资主管部门经过综合平衡后确定项目"短名单"和具体行业领域的切块资金规模，行业主管部门在"短名单"内根据切块资金规模明确具体项目及政府投资金额。建议适时选择若干地级市或县（市、区）开展本级政府投资年度计划集中统一试点，探索可复制可推广的经验。

2.健全年度计划和预算衔接机制

坚持"资金跟着项目走"的基本原则，构建与经济社会发展水平及财政收支状况相适应并相对稳定的政府投资规模确定规则。将政府投资年度计划总盘子按明确规则予以确定,可以增强年度计划编制的规则性,形成相对稳定的制度性安排和工作预期,便于部门和企业提前开展项目谋划论证等工作,提高年度计划质量。同时,进一步优化现有的预算编制方式,将经常性预算和基本建设项目支出预算分开编制。

投资主管部门以政府投资年度计划为载体,统一编制基本建设项目支出预算,并统一和财政部门衔接。各行业主管部门只需和财政部门衔接经常性预算,无须衔接基本建设项目支出预算。行业主管部门在申报政府投资年度计划时无须事先落实财政资金,全口径部门预算中的基建项目支出预算在年度计划草案和财政预算相衔接后自动确定。按上述机制,年度计划与部门预算的编制时间节点脱钩,投资主管部门可以提前下达年度计划编制通知,给部门和项目单位预留研提年度计划申报项目和资金需求的充足时间,也为自身统筹安排分领域政府投资、审查具体项目留足时间。

3.高度重视政府投资年度计划执行绩效评估及结果应用

预算绩效考核重点关注部门预算执行和资金合规使用,政府投资绩效评估重点关注基建投资绩效,被考核的对象具有政府投资资金用于建设支出而非经常性支出、项目建设周期较长等特点,两者侧重点不同。有必要探索和创新政府投资年度计划执行绩效排名和报告制度,对分领域年度计划执行情况进行评估。评估结果与下一年度投资计划分领域规模相挂钩。对绩效评估结果优异的,加大政府投资支持力度;对绩效评估结果差的,减少安排政府投资资金。

4.充分发挥地方人大对政府投资年度计划的监督作用

一方面,设置年度计划草案经同级人大审查的程序。政府投资年度计划草案在经同级政府审议后,连同下一年度预算草案一并按程序报同级人大审查。该程序既可强化年度计划草案的严肃性,也充分体现出计划草案和预算草案的同等法律地位。另一方面,年度计划执行过程增设同级人大参与环节。同级人大常委会或专门委员会可以通过听取和审议政府专项报告、组织特定问题调查等方式对政府投资年度计划执行情况进行监督。政府投资年度计划执行过程中涉及项目或资金规模调整的，在一定条件下需报请同级人大常委会审查后方可调整。

主要参考文献

1.［美］E.S.萨瓦斯：《民营化与公私部门的伙伴关系》，周志忍等译，中国人民大学出版社，2002年6月版。

2.［美］琳内特·凯利：《美国市政债市场发展》，《中国金融》2018年第12期。

3.［美］理查德·A.马斯格雷夫、［美］佩吉·B.马斯格雷夫：《财政理论与实践》，邓子基、邓力平译校，中国财政经济出版社，2003年6月版。

4.［瑞士］芭芭拉·韦伯、［瑞士］米莉娅姆·斯托布－比桑、［德］汉斯·威廉·阿尔芬：《基础设施投资指南：投资策略、可持续发展、项目融资与PPP》，罗桂连译，机械工业出版社，2018年7月版。

5.［英］克里斯托夫·弗里曼：《技术政策与经济绩效：日本国家创新系统的经验》，张宇轩译，东南大学出版社，2008年3月版。

6.［澳］全球基础设施中心：《全球基础设施展望》，吴卫星等译，对外经济贸易大学出版社，2020年10月版。

7.［英］达霖·格里姆赛、［澳］莫文·K·刘易斯：《PPP革命：公共服务中的政府和社会资本合作》，济邦咨询公司译，中国人民大学出版社，2016年4月版。

8.财政部政府和社会资本合作中心、E20环境平台：《PPP示范项目案例选编——水务行业》，经济科学出版社，2017年9月版。

9.陈莎、殷广涛、叶敏：《TOD内涵分析及实施框架》，《城市交通》2008年第6期。

10.崔晨甲、李淼、马毅鹏：《关于水利工程项目资本金筹集的渠道、案例及建议》，《水利发展研究》2022年第6期。

11.冯栢文（Vaughn Barber）：《ESG是成功实施国际基础设施项目的必要条件》，《国际工程与劳务》2021年第7期。

12.高国力：《新加坡土地管理的特点及借鉴》，《宏观经济管理》2015年第6期。

13.国家发展和改革委员会：《中华人民共和国国民经济和社会发展第十四个五年规划和2035年远景目标纲要》辅导读本，人民出版社，2021年3月版。

14.韩志峰、张峥等：《REITs：中国道路》，人民出版社，2021年6月版。

15.韩志峰：《中国政府和社会资本合作（PPP）项目典型案例》，中国计划出版社，2018年2月版。

16.黄华珍：《被误读的建设项目资本金——兼议资本金制度与PPP项目资本金融资模式之完善》，载于《中国PPP专家论道——国家发展改革委PPP专家优秀论文集》，经济日报出版社，2018年1月版。

17.黄华珍：《规则与启示：特许经营PPP裁判规则解读与适用》，北京大学出版社，2017年12月版。

18.林华：《中国资产证券化操作手册》，中信出版社，2016年6月版。

19.林家彬：《日本的特殊法人改革》，《经济社会体制比较》2008年第3期。

20.刘立峰：《地方政府的土地财政及其可持续性研究》，《宏观经济研究》2014年第1期。

21. 楼继伟：《面向2035的财政改革与发展》，《财政研究》2021年第1期。

22. 逯元堂、赵云皓、辛璐、卢静、徐志杰：《生态环境导向的开发（EOD）模式实施要义与实践探析》，《环境保护》2021年第14期。

23. 罗国三：《扎实推动基础设施高质量发展》，《中国经贸导刊》2019年第18期。

24. 乔尚奎等：《"创新优化政府公共服务"之六　英国政府与社会资本合作的经验及启示》，《社会治理》2017年第2期。

25. 世界银行：《1994年世界发展报告：为发展提供基础设施》，毛晓威译，中国财政经济出版社，1994年8月版。

26. 世界银行：《政府和社会资本合作（PPP）参考指南（第3版）》，北京明树数据科技有限公司译，中国电力出版社，2018年4月版。

27. 水利部水利建设经济定额站：《水利工程设计概（估）算编制规定（工程部分）》，中国水利水电出版社，2015年2月版。

28. 王天义、杨斌：《新加坡政府和社会资本合作（PPP）政策及实践》，清华大学出版社，2018年4月版。

29. 薛涛、汤明旺、李曼曼：《涛似连山喷雪来：薛涛解析中国式环保PPP》，中国电力出版社，2018年12月版。

30. 姚帅：《解析日本"高质量基础设施"援助》，《世界知识》2019年第14期。

31. 张继峰：《PPP项目融金术：融资结构、模式与工具》，法律出版社，2017年8月版。

32. 张亦然：《基础设施减贫效应研究——基于农村公路的考察》，《经济理论与经济管理》2021年第2期。

33. 赵云皓、徐志杰、辛璐、王志凯、卢静：《生态产品价值实现市场化路径研究——基于国家EOD模式试点实践》，《生态经济》2022年第

7期。

34.郑思齐、孙伟增、吴璟、武赟:《"以地生财,以财养地"——中国特色城市建设投融资模式研究》,《经济研究》2014年第8期。

35.朱静、李恒新:《片区开发合规要点与实操指南》,知识产权出版社,2021年10月版。

36.邹晓梅、张明、高蓓:《美国资产证券化的实践:起因、类型、问题与启示》,《国际金融研究》2014年第12期。